Découvrez des Jeux Gratuits en Ligne

Disponible Ici :

BestActivityBooks.com/FREEGAMES

5 ASTUCES POUR DÉMARRER !

1) COMMENT RÉSOUDRE LES MOTS MÊLÉS

Les puzzles sont dans un format classique :

- Les mots sont cachés sans espaces, tirets, ...
- Orientation : Les mots peuvent être écrits en avant, en arrière, vers le haut, vers le bas ou en diagonale (ils peuvent être inversés).
- Les mots peuvent se chevaucher ou se croiser.

2) UN APPRENTISSAGE ACTIF

Un espace est prévu à côté de chaque mots pour noter la traduction. Pour favoriser un apprentissage actif un **DICTIONNAIRE** à la fin de cette édition vous permettra de vérifier et étendre vos connaissances. Cherchez et notez les traductions, trouvez-les dans le Puzzle et ajoutez-les à votre vocabulaire !

3) MARQUEZ LES MOTS

Vous pouvez inventer votre propre système de marquage. Peut-être en utilisez-vous déjà un ? Sinon, vous pourriez, par exemple, marquer les mots qui ont été difficiles à trouver d'une croix, ceux que vous avez aimés d'une étoile, les mots nouveaux d'un triangle, les mots rares d'un diamant, etc...

4) STRUCTUREZ VOTRE APPRENTISSAGE

Cette édition vous offre un **CARNET DE NOTES** très pratique à la fin du livre. En vacances ou en voyage ou à la maison, vous pouvez facilement organiser vos nouvelles connaissances sans avoir besoin d'un second bloc-notes !

5) VOUS AVEZ FINI TOUTES LES GRILLES ?

Allez à la section bonus **CHALLENGE FINAL** pour trouver un jeu gratuit à la fin de cette édition !

Simple et Rapide ! Découvrez notre collection de livres d'activités pour votre prochain moment de détente et **d'apprentissage**, à juste un clic de distance !

Trouvez votre prochain défi sur :

BestActivityBooks.com/MonProchainLivre

À vos marques, prêts... Partez !

Saviez-vous qu'il existe environ 7 000 langues différentes dans le monde ? Les mots sont précieux.

Nous aimons les langues et avons travaillé dur pour créer les livres de la plus haute qualité pour vous. Nos ingrédients ?

Une sélection des thématiques d'apprentissage adaptée, trois belles parts de divertissement, puis nous ajoutons une cuillère de mots difficiles et une pincée de mots rares. Nous les servons avec soin et un maximum de plaisir pour vous permettre de résoudre les meilleurs jeux de mots mêlés qui soient et d'apprendre en vous amusant !

Votre avis est essentiel. Vous pouvez participer activement au succès de ce livre en nous laissant un commentaire. Nous aimerions vraiment savoir ce que vous avez préféré dans cette édition !

Voici un lien rapide qui vous mènera à la page d'évaluation de vos commandes :

BestBooksActivity.com/Avis50

Merci pour votre aide et amusez-vous bien !

De la part de toute l'équipe

1 - Été

פ	ף	ן	ה	ק	י	ז	ו	מ	ש	ף	ב	כ	ג
ן	כ	ר	ר	ה	ח	פ	ש	מ	ה	ש	פ	ו	ח
ם	ר	ע	פ	א	ו	צ	ח	ז	א	ה	נ	כ	ב
צ	ט	מ	י	ש	ף	ה	ה	ו	ב	ת	א	ב	ר
ג	א	ר	ה	ן	ב	ט	פ	ן	ל	ח	י	י	י
ן	ם	י	ר	פ	ס	ם	י	ק	ח	ש	מ	ם	ם
פ	ט	ע	ת	ע	ג	ט	מ	ס	א	צ	מ	פ	צ
פ	פ	ד	ע	ף	נ	פ	ג	ן	ל	ם	ג	ל	ש
ף	ל	ר	ן	ס	י	ה	מ	ף	ח	ר	י	ע	ב
מ	ש	צ	ס	נ	ב	כ	ש	ח	ח	ל	א	ם	י
ב	ח	ח	ג	ד	ע	ס	ה	ר	ה	נ	ן	א	ד
ח	ו	ב	ל	ל	ח	א	ט	ף	ט	ת	א	ר	ה
צ	ת	ו	ע	י	ס	נ	ל	א	ע	צ	ח	ם	פ
ט	ת	ל	מ	ם	פ	צ	ט	ש	כ	ר	נ	ע	ג

מוזיקה
לשחות
מזון
חוף
צלילה
הרפיה
סנדלים
חופשה
נסיעות

חברים
קמפינג
כוכבים
משפחה
גן
משחקים
שמחה
ספרים
פנאי
ים

2 - Adjectifs #2

כ	א	מ	ש	ף	ד	כ	ר	מ	ד	פ	ש	ב	י
מ	א	א	י	ר	ב	ג	מ	מ	ח	ם	ף	צ	ג
ח	ו	ל	מ	נ	ף	ד	פ	מ	ז	ר	י	א	פ
ו	ש	ט	י	ט	נ	ת	ו	א	ק	ר	ה	ל	ר
נ	י	ב	א	ה	כ	י	ר	נ	ת	ת	ג	ג	ו
ן	כ	ע	ם	ו	מ	א	ס	י	מ	ל	ב	נ	ד
צ	פ	י	ט	ר	פ	ו	ם	פ	ל	ה	ש	ט	ו
י	נ	ו	נ	ש	י	ר	ר	מ	ם	ס	ע	י	ק
צ	ף	ע	פ	ג	כ	י	ן	ע	צ	ר	ל	נ	ט
ע	א	ט	מ	פ	כ	ע	פ	נ	ס	ב	ה	ם	י
כ	א	ר	א	ת	ש	ד	ח	י	א	ר	פ	ט	ב
ר	פ	ט	י	א	ר	ח	א	י	ח	ם	ת	ל	י
ב	ע	ש	ה	ש	ח	ה	ם	ן	ב	ם	ה	ע	ל
כ	ס	ת	ג	ח	ש	פ	ט	ד	א	ס	ש	ן	פ

טבעי
חדש
פרודוקטיבי
טהור
אחראי
בריא
מלוח
פראי
יבש
ישנוני

אותנטי
מפורסם
יצירתי
תיאורי
מחונן
דרמטי
אלגנטי
גאה
חזק
מעניין

3 - Exploration

ט	ג	ף	ת	א	ם	ד	ת	ג	ש	ע	ח	ס	ם
ן	ס	ש	ו	ב	ר	י	א	ר	פ	נ	ם	ט	ט
ג	ד	מ	פ	ע	מ	ש	ד	כ	ה	ח	פ	ף	ב
ס	ץ	כ	ע	ל	ד	ר	ה	נ	ג	י	פ	ת	פ
כ	ת	ו	י	ו	ב	ר	ת	פ	ל	ש	ח	ה	ל
נ	ר	א	ל	ב	ל	ר	ר	כ	צ	ו	מ	א	ת
ו	ם	כ	ו	ת	ל	ס	ג	ם	ש	ת	י	צ	ר
ת	ן	ת	ת	ל	ב	צ	ש	ת	ש	ד	ח	א	ף
ף	ט	ע	מ	א	ע	ט	ו	צ	ו	ר	כ	נ	כ
ף	צ	ו	ל	ן	נ	צ	ת	ע	ן	כ	ו	ס	מ
ס	ד	ח	ת	ו	ש	י	ש	ת	י	ו	ל	י	ג
ת	ף	מ	א	צ	ח	ה	כ	ש	ם	מ	ט	ע	ח
ן	צ	ט	ס	נ	ח	ע	ט	צ	פ	ע	ע	ו	מ
ג	ף	כ	כ	ל	ש	ט	ת	ו	י	ח	ב	ת	פ

התרגשות
תשישות
לא ידוע
שפה
חדש
מסוכן
פראי
נסיעות

פעילות
חיות
ללמוד
אומץ
תרבויות
סכנות
גילוי
נחישות

4 - Formes

ב	ל	פ	פ	ב	ט	ר	ג	ן	א	ב	א	ר	מ
ה	צ	ר	ת	ח	א	ל	ס	ב	כ	ס	ע	ו	ק
ג	ל	י	ל	ג	ה	י	י	ב	ו	ק	כ	ס	צ
פ	צ	ז	ל	ת	ש	כ	צ	כ	ו	כ	ג	ב	ו
א	ע	מ	ש	פ	ס	י	ד	מ	ש	ל	ם	נ	ו
ם	נ	ה	נ	י	פ	כ	ה	ש	ג	צ	ש	ה	ת
ה	א	ף	ט	ה	כ	ר	ס	ל	ם	ח	מ	י	כ
ט	נ	ד	ש	ף	ה	ד	י	מ	ר	י	פ	פ	ב
מ	ח	ל	מ	צ	ח	ע	ל	ו	צ	מ	א	ר	ן
ד	מ	ה	כ	ת	ש	ק	ט	צ	פ	ש	ל	ב	ב
צ	ג	ה	ח	מ	ן	ב	ל	מ	צ	ו	י	ו	פ
ה	ב	ם	ג	צ	פ	פ	ם	ע	ח	ל	פ	ל	ם
ף	ס	ש	ע	ט	ת	ס	ח	ג	ט	ש	ס	ה	ע
ל	ף	ן	ע	ה	ב	ן	ר	ל	ס	ח	ה	ס	ט

אליפסה
היפרבולה
קו
סגלגל
מצולע
פריזמה
פירמידה
מלבן
משולש

קשת
קצוות
כיכר
מעגל
פינה
עקומה
חרוט
צד
קובייה
גליל

5 - Salle de Bains

ט	ס	ד	ש	א	מ	ח	נ	ח	ש	פ	ם	מ	ש
ש	ר	ש	מ	ח	מ	ח	ס	ד	נ	ן	ט	ג	ג
מ	י	ם	פ	נ	ש	ב	ו	ע	ו	ת	ם	ב	ם
פ	ם	מ	ו	מ	ב	פ	ט	כ	י	ו	ר	ת	מ
ת	ד	ש	ד	ס	ה	ל	כ	י	מ	ש	ב	ט	ק
מ	מ	ן	ה	ב	ס	ט	ד	ד	ה	ח	ר	ר	ל
ת	ר	ס	פ	ו	ק	י	ט	ו	ר	פ	ז	ס	ח
ח	ס	א	פ	ן	כ	ש	ב	כ	ף	מ	ב	פ	ת
ה	ש	ט	ה	ר	ן	ש	ב	א	ט	ף	ל	ו	מ
ט	ט	ע	ע	ש	י	ר	ו	ת	י	ם	ת	ג	ף
ד	י	ס	ם	ב	ת	י	ש	כ	פ	צ	ע	ס	ף
כ	ח	ם	ל	ב	כ	ש	ם	ק	ד	ף	ח	ר	ף
ח	ג	ג	ן	ד	ד	ת	ר	ר	ף	ף	כ	ס	ב
ן	מ	ד	צ	ן	ב	ד	ן	ם	צ	ח	ב	ל	צ

אמבטיה
בועות
מספריים
מקלחת
מים
ספוג
כיור
קרם
מראה

בושם
ברז
סבון
מגבת
שמפו
שטיח
שירותים
קיטור

6 - Adjectifs #1

ם	ט	א	מ	נ	ו	ת	י	א	ם	מ	ן	צ	מ
ב	ר	ר	כ	צ	ד	מ	ת	ק	ן	ד	ר	ח	ר
נ	ג	ף	ף	כ	כ	י	ם	ז	מ	מ	ע	מ	ל
ג	כ	ב	ד	ס	ט	ם	ב	ו	ע	ו	ם	ו	ל
ה	ח	ף	ב	י	פ	ה	נ	ט	נ	ד	ח	ש	ס
ח	ש	ו	ב	ד	צ	נ	ע	י	ק	ר	כ	ל	ג
מ	א	ד	ס	ף	ם	ה	ר	ב	ת	נ	ט	ם	ט
ת	פ	ם	צ	ג	ת	ד	ח	פ	ן	י	ב	ע	ד
ח	ת	ז	ע	ר	א	ד	ן	ח	ע	ע	ט	צ	ה
כ	נ	ה	י	א	ר	ו	מ	ט	י	י	ע	ב	כ
ת	י	ה	ר	ג	ז	ל	מ	ל	ח	א	ל	א	ט
ף	ת	ח	א	נ	ה	א	י	ט	י	ח	ע	ר	ס
א	ט	ר	ק	ט	י	ב	י	ל	ר	ף	ב	ם	צ
ל	ר	נ	פ	ג	ד	ע	ן	ם	נ	מ	ל	ס	ה

מוחלט
פעיל
שאפתנית
ארומטי
אמנותי
אטרקטיבי
יפה
אקזוטי
ענק
נדיב

כנה
זהה
חשוב
תמים
צעיר
איטי
כבד
רזה
מודרני
מושלם

7 - Instruments de Musique

ב	ח	מ	ת	ח	מ	נ	ט	ם	ש	ן	ס	ד	ם
י	צ	ל	ו	ט	ר	ו	מ	ב	ו	ן	ת	ש	א
נ	ו	א	ף	ס	מ	פ	ו	ח	י	ת	ט	ף	ד
ו	צ	ר	מ	ג	ק	ל	ר	י	נ	ט	ב	ח	ר
ר	ר	נ	ר	כ	ל	ג	ו	נ	ג	ף	נ	ב	נ
ת	ה	א	י	ע	ו	ם	ב	פ	ל	נ	ג	ף	ף
א	ב	ר	ם	ל	ת	ח	ח	ל	ח	ף	ו	א	ה
כ	ת	ס	פ	ס	ת	כ	ן	ל	נ	א	ב	ו	ב
מ	נ	ד	ו	ל	י	נ	ה	ל	י	ש	נ	ב	ן
ט	ט	ר	ת	ן	פ	נ	ד	ה	א	ל	ף	מ	ד
ג	מ	ס	ט	ו	ו	ב	ס	ק	ס	ו	פ	ו	ן
פ	ס	נ	ת	ר	ף	ל	כ	ת	ג	י	ט	ר	ה
מ	ר	י	מ	ב	ה	נ	ם	כ	ן	ג	ע	ש	ה
ע	ל	ש	ד	ף	ח	ס	ד	פ	ע	נ	ח	ש	ט

בנג'ו
בסון
קלרינט
חליל
גונג
גיטרה
מפוחית
נבל
אבוב
מנדולינה

מרימבה
פסנתר
מקלות תיפוף
סקסופון
תוף
תוף מרים
טרומבון
חצוצרה
כינור
צ'לו

8 - Échecs

כ	ט	ל	צ	ע	ת	ר	מ	כ	ע	ד	פ	נ	כ
ת	ו	ג	ב	כ	ר	פ	ג	ש	כ	ע	ס	ם	ר
ה	ר	ס	ף	ן	ד	כ	ל	ל	י	ם	י	נ	ל
ל	נ	ם	ט	ת	ט	ב	ן	ל	ש	ג	ב	ק	ע
צ	י	א	ל	ו	ף	כ	ם	ת	מ	ח	י	ו	מ
מ	ר	ה	ת	ח	ר	ו	ת	ד	צ	ו	ג	ד	ל
ש	ח	ק	ן	א	ת	ג	ר	י	ם	ל	ד	ו	ך
ח	ר	ר	ר	מ	ד	צ	ן	א	א	ן	ש	ת	ת
ק	א	ב	מ	מ	צ	ל	ר	ל	ר	ט	ע	ם	נ
ש	ס	ה	ע	ב	א	ל	צ	כ	ז	ב	ע	צ	ד
ד	צ	י	ש	ח	ו	ר	מ	ס	מ	ן	ס	ת	ף
א	ר	ר	מ	ל	א	ס	ס	ו	ן	ח	ם	ד	ט
נ	ן	י	מ	ל	כ	ה	ן	ן	ח	צ	ן	א	ת
ש	ר	ב	א	ס	ט	ר	ט	ג	י	ה	ח	ח	צ

פסיבי
נקודות
מלכה
כללים
מלך
הקרבה
אסטרטגיה
זמן
טורניר

יריב
ללמוד
לבן
אלוף
תחרות
אתגרים
אלכסון
משחק
שחקן
שחור

9 - Herboristerie

ם	ה	א	ע	ט	ב	ה	א	ר	ת	פ	ב	ג	א
ז	ע	ב	ף	ע	מ	צ	ש	י	מ	מ	ר	ט	ר
ה	ע	ם	ף	ם	מ	מ	ר	א	כ	ק	ח	ר	ו
ש	כ	פ	ס	פ	י	צ	פ	מ	פ	ו	ן	ג	מ
ש	ו	מ	ר	ש	ו	ם	ד	ב	ם	ל	ת	ו	ט
ן	פ	ת	ג	ן	ר	ש	ר	ע	ע	י	ב	ן	י
ע	ב	ר	י	ח	ן	צ	ל	ת	ח	נ	ד	ה	ל
פ	א	מ	ח	ם	א	ן	ט	ם	ת	ר	ב	כ	פ
ן	ב	א	ג	ם	כ	כ	ת	צ	ר	י	ס	ת	א
ר	ן	מ	ר	כ	י	ב	מ	ו	ע	י	ל	ט	ה
ן	ר	נ	פ	ט	ר	ו	ז	י	ל	י	ה	נ	ח
ע	פ	ט	י	מ	י	ן	ר	ו	ז	מ	ר	י	ן
ג	ג	ה	מ	ל	ב	נ	ד	ר	נ	י	ר	ו	ק
ף	ר	ב	ת	ת	ש	ס	ר	פ	ר	ט	א	ל	ע

לבנדר
מיורן
מנטה
פטרוזיליה
איכות
רוזמרין
זעפרן
טעם
טימין
ירוק

שום
ארומטי
ריחן
מועיל
קולינרי
טרגון
שומר
פרח
מרכיב
גן

10 - Véhicules

ס	ק	מ	כ	ו	נ	י	ת	ט	א	ם	ר	ן	ד
ש	ט	ל	ד	ף	פ	ט	ד	ק	ר	ו	ו	א	ן
ן	נ	ם	ר	ק	ט	ה	ל	ד	ה	ק	ן	ו	ד
א	ו	פ	נ	י	י	ם	צ	כ	ג	ט	ט	ט	ן
א	ע	צ	ו	ל	ל	ת	א	ל	ף	ף	ר	ו	ד
ת	מ	ט	ו	ס	ף	ב	מ	נ	ו	ע	ר	ב	ר
ד	ן	ב	ף	ל	ל	ע	ו	ס	ת	ט	ס	ו	ח
ר	ב	ש	ו	ה	ת	נ	נ	ס	צ	ם	ד	ס	ר
ת	פ	ס	ח	ל	נ	ה	י	ש	ל	מ	ס	ו	ק
ת	ה	ס	ס	ט	נ	ח	ת	ר	ל	ע	ה	ש	נ
ש	א	י	ו	ב	ר	ס	כ	ב	ל	ב	ד	ד	ד
צ	ל	ר	ח	ד	מ	ש	א	י	ת	ו	ג	ג	ר
פ	ה	ה	ס	ג	ה	ס	ע	ו	ת	ר	ס	ן	א
ן	צ	מ	י	ג	י	ם	ף	ה	פ	ת	צ	נ	מ

אמבולנס
מטוס
סירה
אוטובוס
משאית
קרוואן
מעבורת
רקטה
מסוק
מנוע

הסעות
צמיגים
רפסודה
קטנוע
צוללת
מונית
טרקטור
אופניים
מכונית

11 - Camping

פ	ס	ב	ה	ת	צ	ל	ש	ה	ב	ן	ח	א	א
ט	ע	ם	ג	א	ח	ם	פ	ב	כ	פ	א	ו	ט
ג	א	ם	ס	פ	ב	ג	פ	ב	ם	נ	ה	פ	ח
ן	ט	א	ג	א	ד	ו	י	צ	ה	ל	ה	ר	ף
ם	ה	ג	ש	ן	ח	ר	ר	ד	ב	ע	ב	ו	כ
ע	ם	ן	ם	ם	ב	ף	ח	ח	ב	ה	ת	ס	ם
ת	ע	ל	ג	ג	ל	ס	ר	ע	ף	ה	ב	א	כ
ן	ו	נ	א	ק	ה	ע	ק	נ	ר	מ	ה	ח	ד
ן	פ	צ	מ	ת	ר	נ	ח	פ	ש	ח	ף	ס	כ
נ	נ	ה	פ	ח	ם	ם	ת	ח	ף	ם	ד	ג	ן
ר	ע	י	ה	פ	ר	ק	ת	ה	פ	ד	ח	ט	ף
מ	נ	ד	ח	נ	ה	מ	ט	צ	מ	ת	י	ב	ד
ן	פ	נ	ט	ס	מ	ס	א	י	ע	ן	ו	ע	צ
צ	ב	ט	צ	פ	צ	ט	ב	ד	צ	ד	ת	ל	א

אש
יער
ערסל
חרק
אגם
פנס
ירח
הר
טבע
אוהל

חיות
הרפתקה
מצפן
תא
קאנו
מפה
כובע
ציד
חבל
ציוד

12 - Écologie

צ	ש	כ	ה	ן	ר	ם	ע	ל	ט	ב	ע	מ	ח
מ	ן	כ	ה	ד	ט	ט	נ	ב	ע	ר	ס	ה	נ
ח	ה	ר	י	ם	צ	ת	ח	מ	ס	ק	ש	ג	ן
י	ת	ח	ב	ל	כ	ף	ח	ן	מ	י	נ	י	ם
י	ל	א	ט	צ	א	ס	כ	ח	ה	י	מ	ל	פ
ה	ף	ד	ק	ד	ם	ט	ב	ע	י	מ	פ	ח	ר
ם	מ	ל	ה	ב	צ	ו	ר	ת	ש	א	ת	ט	כ
ט	ב	א	י	ל	ד	מ	ר	ש	ר	נ	ע	ט	ת
ב	ר	ח	ל	מ	ל	ש	ד	ט	ד	ב	ם	ף	ף
ג	י	ו	ו	ן	י	א	ט	ד	ו	ה	ח	י	ג
ת	ח	מ	ת	נ	ד	ב	י	ם	ת	ף	ס	כ	ת
א	ק	ל	י	ם	ג	י	צ	מ	ח	י	ם	א	ח
מ	ג	ו	ו	ן	ף	ם	ח	ג	פ	ף	ה	ה	ע
ב	ע	נ	צ	פ	מ	ע	ב	ל	ד	ן	ד	ל	ת

הרים
טבע
טבעי
צמחים
משאבים
בצורת
הישרדות
מגוון
צמחייה

מתנדבים
אקלים
קהילות
גיוון
בר קיימא
מינים
החי
מרש
ימי

13 - Astronomie

ג	א	ד	ב	ר	ן	נ	ר	א	ל	ף	ם	ר	ש
ב	כ	ר	ק	ק	ד	א	ס	מ	ן	ש	צ	מ	ע
כ	צ	י	צ	ט	ן	ט	ל	ה	י	ס	ק	ל	ג
ם	ע	ף	צ	ה	ר	ח	י	ט	ר	ם	ם	ר	ר
ס	ו	מ	ס	ו	ק	מ	ק	ן	י	י	ו	ו	ל
ן	כ	ה	נ	ח	ר	י	ו	ן	ו	י	ו	ו	ש
ג	ד	א	מ	ע	י	ם	י	נ	נ	ם	א	פ	ה
ל	ו	ס	ט	ר	נ	ל	ח	ל	נ	ס	ל	ת	מ
ט	ר	ט	א	פ	ה	ה	מ	ע	ט	ה	ס	ב	צ
מ	ה	ר	ו	י	ר	ס	ה	ר	צ	נ	ת	ב	פ
ד	א	ו	ר	ל	ב	ס	ו	ה	ה	כ	ל	ס	ה
ה	ר	נ	ח	י	כ	א	ע	ח	מ	ם	ד	ן	צ
נ	ץ	ו	ל	ת	י	ה	ב	ו	נ	ר	פ	ו	ס
נ	ב	ם	ה	ד	ד	ש	ת	כ	ל	ב	ב	ו	כ

אסטרואיד
אסטרונאוט
אסטרונום
רקיע
קוסמוס
ליקוי חמה
שוויון
רקטה
גלקסיה

ירח
מטאור
ערפילית
המצפה
כוכב לכת
קרינה
לוויין
סופרנובה
כדור הארץ

14 - Types de Cheveux

ש	א	ב	ג	ע	ר	ן	ף	ן	ט	ה	ם	ס	נ
ט	פ	ף	ל	ת	ל	ת	ל	י	ם	ע	ע	ע	ת
נ	ו	ש	י	ו	מ	ם	ח	ב	מ	ב	ר	י	ק
צ	ר	ה	ב	א	נ	ת	ה	ש	ש	ה	ן	ג	י
ן	ח	ג	ג	ר	נ	ד	א	ר	פ	כ	ב	ב	ר
ד	ג	צ	מ	ו	א	ט	י	ה	פ	ת	כ	ש	ח
ח	א	ח	ת	ך	צ	ב	מ	נ	ט	ל	ם	א	ד
ש	ש	ח	ו	ר	ב	כ	ס	ף	י	ב	ב	ת	ע
ר	ל	ק	ל	ו	ע	ב	מ	ב	כ	ר	ן	ן	ח
ן	ז	ל	ת	ט	ו	ם	ג	ל	ג	י	ק	צ	ר
ף	ב	ה	ל	ת	נ	ח	ט	ר	א	א	מ	ם	ך
ע	מ	ם	ר	פ	י	ו	ם	ח	ש	ב	ג	ט	כ
מ	ס	נ	ס	ב	נ	ם	ד	ט	כ	ס	ן	ר	צ
ב	ט	ט	נ	ט	מ	ן	ס	א	ס	ף	נ	ל	ם

כסף
לבן
בלונדיני
תלתלים
מבריק
קירח
צבעוני
קצר
רך
עבה

מתולתל
אפור
ארוך
חום
רזה
שחור
גלי
בריא
יבש
קלוע

15 - Restaurant #1

צ	ס	ח	ב	ן	ל	ט	ת	ס	א	ר	פ	ב	מ
א	ת	ח	ל	צ	ת	ה	פ	ק	ח	ו	נ	י	ק
ב	כ	מ	ט	ן	ח	ט	ף	פ	ל	א	ת	א	ס
ה	ב	צ	ף	ג	פ	ן	צ	ב	ס	מ	פ	ת	ס
ז	ת	ד	ג	ע	ח	ר	ש	ב	ט	ו	ר	ם	ח
מ	ת	נ	ף	ט	ט	ן	פ	א	ס	ר	י	ג	ר
נ	ח	ם	ש	ם	י	ב	י	כ	ר	מ	ט	ה	י
ה	ת	י	א	פ	ו	ק	י	ח	ת	י	פ	מ	ף
מ	ש	כ	ד	ה	ה	ן	פ	ב	ט	ן	ד	מ	ס
ב	ש	מ	ר	ן	ג	ק	ג	ת	י	ר	צ	ל	מ
ש	ש	ף	ף	ו	ע	ל	ה	ה	ס	א	ת	ט	ז
צ	ה	י	ג	ר	ל	א	נ	מ	נ	ם	ב	ח	ו
נ	א	פ	ה	ף	ח	ג	מ	ן	ד	ח	ד	א	ן
ל	ר	ה	כ	ם	ם	ל	ה	ע	ה	ב	ח	ש	ת

אלרגיה
צלחת
קערה
קפה
קופאית
סכין
מטבח
קינוח
חריף
מרכיבים

תפריט
מזון
לחם
עוף
הזמנה
רוטב
מלצרית
מפית
בשר

16 - Mammifères

ג	ס	ע	ל	ע	ד	ח	ת	ג	א	פ	ט	ע	ט
נ	ו	ק	נ	ג	ו	ר	ו	ב	ר	י	ם	ח	ש
ח	ס	ר	פ	ח	ב	צ	ה	ה	י	ל	כ	ק	ע
כ	ת	ת	י	ת	ע	ה	ר	ר	ה	צ	ן	ו	ע
ף	ה	ר	ף	ל	ו	ו	י	ת	ן	מ	ד	ף	ה
צ	ף	א	ף	ן	ה	ם	ע	מ	א	כ	כ	צ	ב
ד	ע	פ	ש	ז	ס	א	ף	מ	ה	ם	ש	ה	ה
ח	ת	ש	ד	א	ר	נ	ב	ם	מ	ש	ו	ע	ל
ת	נ	פ	ו	ב	כ	א	מ	נ	ג	י	ר	פ	ה
ו	פ	ד	ל	ע	ל	ב	ד	ר	ש	ד	ה	כ	ל
ל	ס	ף	פ	ר	ב	ס	ש	ס	ף	צ	ד	ב	ה
ז	א	ב	י	ב	ט	ל	ן	י	ד	מ	א	נ	ע
ד	ד	ע	ן	ו	ז	ב	ר	ה	ם	ה	פ	ת	א
ע	ד	ס	ף	ת	כ	ה	פ	א	ף	ס	ג	א	צ

ארנב
אריה
זאב
כבשים
דוב
שועל
קוף
שור
נמר
זברה

לוויתן
חתול
סוס
כלב
זאב ערבות
דולפין
פיל
ג'ירפה
גורילה
קנגורו

17 - Sports

ש	פ	ח	ח	ת	ט	כ	מ	ד	נ	ע	מ	ש	נ
ר	ח	כ	ב	נ	ן	ב	מ	ן	ר	ם	ד	ף	ש
ל	א	א	ש	ו	פ	ט	א	ן	צ	א	ג	ן	ח
א	ל	ה	מ	ע	מ	נ	מ	ג	ע	ס	ב	צ	ק
ס	י	כ	ת	ה	ן	י	א	צ	ט	ד	י	ו	ן
ב	פ	ג	ה	ע	ד	ס	מ	ה	ה	נ	י	ו	כ
ל	ו	ו	ז	ט	מ	ס	ן	ו	א	צ	ס	ת	ם
ש	ת	ל	ר	ו	ד	ל	ב	ק	ט	נ	ב	ר	ע
ח	ם	ף	ח	ט	כ	פ	ו	י	ט	ט	ו	א	ש
ו	ב	ס	צ	ל	א	ה	ה	ת	ת	ס	ל	ס	מ
ת	א	כ	צ	ב	ל	י	כ	ד	ו	ר	ס	ל	ש
ת	ם	ח	ם	ש	ג	א	ו	פ	נ	י	י	ם	ח
ף	ט	ן	ט	ח	ף	ס	מ	ר	מ	א	ף	ל	ק
ב	ף	כ	ר	ח	ח	א	ג	ב	צ	ע	א	ב	ג

התעמלות
הוקי
משחק
שחקן
תנועה
לשחות
אצטדיון
טניס
אופניים

שופט
ספורטאי
בייסבול
כדורסל
אליפות
מאמן
צוות
זוכה
גולף

18 - Chocolat

ר	פ	ם	ה	א	ל	פ	ם	ד	א	ה	פ	כ	א
ב	כ	ן	ן	ק	ה	מ	ר	כ	י	ב	ס	ן	ב
מ	ר	י	ר	ו	ת	ו	ם	מ	ת	כ	ו	ן	ק
נ	כ	ם	ת	ק	א	ם	ב	מ	ה	ת	כ	ף	ה
נ	ו	ט	פ	ו	ע	ר	ג	ת	ד	ן	ר	ר	ש
ד	ה	ג	ק	ס	ח	ע	א	ק	ז	ו	ט	י	ת
צ	ת	ב	ד	ק	ל	ו	ר	י	ו	ת	ע	ב	ו
כ	ג	צ	צ	ח	א	י	כ	ו	ת	ט	ם	ה	ק
כ	ש	א	ט	ן	מ	ו	ט	ע	י	ם	מ	ד	ק
ף	מ	ף	ב	ע	ה	צ	ב	ו	ט	נ	י	ם	ו
ן	ת	ה	ג	ח	ת	ר	ו	ק	ר	מ	ל	ט	ת
ה	ו	מ	ר	ד	ח	ם	כ	ן	מ	כ	ת	ל	ר
ל	ק	כ	ר	ד	ב	ס	ד	צ	כ	ט	ד	א	ם
ף	א	א	כ	ח	צ	ל	א	פ	ר	מ	ת	ע	ט

אקזוטי
אהוב
טעם
מרכיב
קוקוס
אבקה
איכות
מתכון
סוכר

מריר
נוגד חמצון
ממתק
בוטנים
קקאו
קלוריות
קרמל
טעים
מתוק
השתוקקות

19 - Mathématiques

ק	ו	ט	ר	ר	ס	מ	ע	ל	ו	ת	נ	ה	ן
מ	ף	נ	ר	ע	י	ג	א	ו	מ	ט	ר	י	ה
ק	ף	פ	ב	ש	מ	ש	ו	ו	א	ה	ד	ג	פ
ב	מ	ח	ן	ר	ט	ח	א	מ	ס	פ	ר	י	ם
י	ל	ס	ה	ו	ר	ש	ר	ע	מ	ק	ב	י	ל
ל	ב	מ	ה	נ	י	ב	ל	ר	מ	ש	ו	ל	ש
י	ן	צ	צ	י	ה	ו	כ	י	נ	ה	ת	ן	נ
ת	ת	ש	ת	ו	ק	ן	ר	ך	ד	ם	פ	נ	ת
א	א	ח	ב	צ	ל	ף	ז	ו	ו	י	ו	ת	ס
ט	כ	י	כ	ר	ה	ע	ס	כ	ו	ם	ג	ם	ף
ת	ף	ד	ם	ת	ר	ח	ן	ש	א	ת	צ	ן	ת
ד	ת	ש	צ	ף	א	מ	ד	פ	צ	ג	פ	נ	ד
א	ר	ה	ת	ד	ה	פ	ן	ם	א	פ	ף	ב	ב
ה	צ	ף	ש	ם	א	נ	ן	מ	ש	ג	מ	ט	ח

זוויות
חשבון
כיכר
מעלות
עשרוני
קוטר
מעריך
משוואה
שבר
גאומטריה

מספרים
מקביל
מקבילית
היקף
מצולע
מלבן
סכום
סימטריה
משולש
נפח

20 - Mythologie

ר	ח	י	ג	ה	י	כ	ע	נ	ן	א	ת	ב	ש
ש	מ	צ	ח	ת	צ	נ	ם	כ	ג	צ	ן	ש	ע
ן	ד	י	ג	ר	ו	א	ש	ד	נ	ם	א	נ	ב
ם	ע	ר	ת	ב	ר	א	ה	ד	ם	ו	ס	ק	א
נ	צ	ה	ן	ו	ס	א	ת	נ	ג	ע	ל	מ	ל
ם	ת	ד	נ	ת	ס	ב	ה	ח	ו	כ	ו	ה	פ
ס	ט	ש	ֵ	ע	ר	ט	ת	ן	ת	נ	ח	ף	ג
ח	ב	א	צ	א	ע	י	נ	ח	ו	צ	ם	ט	י
ב	ר	ס	ַ	ע	ש	פ	ה	ת	מ	צ	מ	ש	ב
ת	ק	ר	ח	א	ד	ו	ג	ב	נ	ד	ח	כ	ו
ק	ל	כ	ב	ן	א	ס	ו	ג	פ	נ	ה	ם	ר
נ	נ	א	נ	ר	ש	ך	ת	ט	ת	צ	ל	פ	מ
א	פ	צ	ח	ת	ן	ט	ה	ת	ו	מ	ת	ן	ב
ה	ל	ח	כ	ג	ע	ט	צ	ע	ם	ע	ט	ע	ף

גיבור
נֶצַח
קנאה
מבוך
אגדה
קסום
מפלצת
בן תמותה
רעם
נקמה

אבטיפוס
אסון
התנהגות
יצירה
יצור
אמונות
תרבות
ברק
כוח
לוחם

21 - Restaurant #2

ע	א	ט	מ	ל	ח	ה	ג	א	פ	ש	ם	כ	ן
ת	ל	ע	כ	י	נ	א	נ	ש	נ	ד	מ	א	ם
ב	כ	י	ס	א	ם	פ	ע	ד	צ	מ	ז	ר	ח
ל	י	ם	ט	ג	א	ע	מ	ל	צ	ר	ל	ו	ת
י	ף	צ	י	ר	ק	ו	ת	ג	ע	ק	ג	ח	ג
נ	ל	פ	י	כ	ד	ג	א	ט	ר	י	ו	ת	נ
י	ף	ה	ח	ם	א	ה	ב	ם	צ	כ	ס	צ	ן
ם	ס	ן	ש	א	ס	ר	ן	ק	ר	ח	ל	ה	ם
ד	ב	ן	א	כ	ם	כ	ו	ח	ן	ד	ט	ר	ת
ד	א	ם	ת	ח	צ	ר	מ	ח	ף	כ	ף	י	פ
ש	צ	ב	ף	פ	י	ר	ו	ת	ת	מ	ד	י	צ
ב	ב	מ	צ	ד	כ	א	ה	ר	ס	ע	ש	ם	ג
ף	ש	נ	ס	א	ל	ר	ט	ד	נ	ס	ר	מ	מ
ב	ח	ף	ע	צ	א	ג	ל	ם	ן	צ	ר	ב	ג

מתאבן
כיסא
כף
ארוחת צהריים
טעים
ארוחת ערב
מים
תבלינים
מזלג
פירות

עוגה
קרח
ירקות
אטריות
ביצים
דג
סלט
מלח
מלצר
מרק

22 - Couleurs

נ	ע	צ	ט	א	צ	ג	ד	ל	ב	ה	ת	ת	ש
פ	ר	א	ה	פ	צ	ס	מ	ד	כ	ג	א	ר	ה
ב	ו	א	ד	ו	ם	א	ש	י	ל	ב	ן	ע	ע
ז	ר	ק	ה	ר	ב	ר	ע	ר	ר	ס	פ	י	ה
ע	ו	ף	ס	ד	ד	ג	ש	כ	ת	ו	ם	ג	ב
ח	ד	ג	ן	י	ן	מ	ה	נ	א	ה	ק	ה	ח
ש	ח	ו	ר	ר	ה	ן	כ	ע	ד	ם	ע	צ	ס
פ	ו	ת	ב	ם	מ	ט	נ	ת	פ	ד	ר	ת	ח
פ	ם	כ	ס	ן	ל	ב	נ	ס	ט	ט	ס	ת	ס
פ	מ	ל	ג	ה	ן	ב	פ	צ	ר	ב	ם	ם	ש
ה	מ	ת	ו	א	ד	א	ד	ר	ן	ל	מ	ן	ח
כ	ח	ו	ל	ש	ר	ת	ג	צ	ג	פ	ף	ס	פ
ם	פ	ר	ד	מ	פ	ן	פ	נ	ב	ר	ת	ן	ם
ט	ר	ג	מ	כ	א	ט	ט	א	ט	ל	ש	ס	ד

תכלת
'בז
לבן
כחול
פוקסיה
אפור
צהוב
ארגמן

חום
שחור
כתום
ורוד
אדום
ספיה
ירוק
סגול

23 - Avions

ה	י	ר	ו	ט	ס	י	ה	ה	ר	ק	ל	ד	מ
ס	א	פ	ר	ה	מ	נ	נ	ג	ק	ת	ד	י	א
פ	ו	ל	ף	ס	נ	ו	ח	ו	י	ה	מ	ס	ף
ש	ו	ד	ד	ה	ו	ס	י	ב	ע	ן	כ	ד	נ
ם	י	ר	ת	ף	ע	ע	ת	ה	א	כ	ם	ם	מ
ע	ר	ר	י	ו	ו	א	ה	ה	ק	ת	פ	ר	ה
ב	ה	ג	ה	י	י	נ	ב	ע	מ	ס	י	י	ט
ר	ע	ג	מ	ח	ל	א	ן	ד	ה	ט	ח	כ	מ
פ	ר	ח	פ	פ	ל	כ	ח	ה	ד	י	ר	י	מ
ש	ם	פ	ב	ב	כ	פ	צ	מ	צ	ת	ו	ו	צ
ע	ם	ל	ט	ש	י	ט	מ	ם	צ	ב	ג	ו	מ
כ	מ	ת	ח	ם	ר	ח	פ	נ	ל	פ	ב	ן	א
ט	ף	ע	נ	ן	א	ח	ר	ו	פ	ה	ר	ע	ס
ד	ם	ף	ם	מ	פ	פ	ן	פ	ה	ה	צ	כ	ג

אוויר
אווירה
נחיתה
הרפתקה
בלון
דלק
רקיע
בנייה
ירידה
כיוון

צוות
לנפח
גובה
מדחפים
היסטוריה
מימן
מנוע
נוסע
טייס
סערה

24 - Aventure

ע	ה	ט	ע	י	ת	פ	מ	ל	פ	ח	פ	ס	א
כ	צ	ב	ס	א	ע	ש	ס	ם	ג	ב	ע	י	ה
נ	ש	כ	ג	ג	ן	ב	ו	ע	ג	ש	י	כ	מ
ט	ת	ו	ח	י	ט	ב	כ	ר	מ	ף	ל	ו	ט
ד	ט	מ	ש	ס	צ	ח	ן	ח	צ	ל	ו	י	ט
א	ם	י	ר	ג	ת	א	ה	ף	ם	ס	ת	ר	ב
ה	ח	כ	ר	ה	נ	כ	ה	ב	א	מ	ג	י	ע
ב	ב	ח	ט	ט	ג	צ	ז	ם	ס	ד	ו	כ	ת
ף	ם	ן	ח	ג	ף	ש	ד	ח	ח	צ	א	ט	ס
ה	ג	ת	נ	פ	צ	ץ	מ	ו	א	ט	מ	ת	ח
ף	ג	ת	ט	ו	ו	י	נ	ד	ח	ה	ן	כ	ב
ט	כ	ש	פ	ט	מ	ו	ו	ד	ן	א	ה	ב	ר
ס	ל	ו	ל	ס	מ	פ	ת	פ	ב	ט	ד	ע	י
ט	צ	ל	ג	ג	ן	י	ש	ו	ק	מ	ן	ס	ם

פעילות
חברים
יופי
אומץ
סיכוי
מסוכן
יעד
אתגרים
קושי
טיול

יוצא דופן
מסלול
שמחה
טבע
ניווט
חדש
הזדמנות
הכנה
בטיחות
מפתיע

25 - Ville

ח	ע	נ	ם	ן	ו	י	ד	ט	צ	א	ש	ג	ת
נ	ש	ף	כ	ח	פ	ג	ל	א	ל	ד	ב	ד	פ
ו	ג	א	ל	ה	ר	ן	ש	ס	ה	ב	מ	ד	ם
ת	ק	ו	ש	צ	ח	ח	פ	ת	ה	י	ר	ל	ג
ס	ק	נ	ב	ף	י	י	ע	ש	ה	ת	פ	ס	ל
פ	ח	י	י	פ	ם	ו	ד	נ	מ	מ	א	ב	ט
ר	מ	ב	ת	ן	פ	ת	מ	א	ס	ר	ה	ח	מ
י	ג	ר	ס	ה	ה	ד	פ	ו	ע	ק	ע	א	ב
ם	ח	ס	פ	ד	ג	י	פ	ד	ד	ח	ע	ע	ס
ל	ס	י	ר	נ	י	ר	ס	ס	ה	ת	א	פ	פ
ף	ב	ט	ח	ה	מ	ע	ו	נ	ל	ו	ק	ת	ר
ר	ר	ה	א	ר	ע	צ	ד	ר	ן	ו	ל	מ	י
ס	ה	ל	ק	ג	ע	ן	ו	א	י	ז	ו	מ	ה
ט	צ	ט	א	כ	מ	ם	ן	ו	ר	ט	א	י	ת

חנות ספרים
שוק
מוזיאון
בית מרקחת
מסעדה
אצטדיון
סופרמרקט
תיאטרון
אוניברסיטה
גן חיות

שדה תעופה
בנק
ספריה
מאפייה
קולנוע
מרפאה
בית ספר
פרחים
גלריה
מלון

26 - Cuisine

ר	ר	א	ב	א	ג	ס	ר	נ	י	ס	פ	צ	מ
ג	מ	ב	א	ה	כ	ל	ן	ע	ף	פ	א	נ	ם
ג	ק	ב	א	י	פ	ק	מ	ם	ה	ו	ת	ש	ת
מ	ר	ט	נ	ה	ר	ע	ק	ג	ש	ג	ק	נ	ב
ת	ר	י	ת	ק	צ	מ	ל	ת	ו	ס	ו	כ	ל
כ	ם	ת	א	ד	נ	ן	ו	ז	מ	ר	מ	ן	י
ו	ע	ח	ם	ב	צ	ם	ת	ן	ז	כ	ק	ד	נ
ן	כ	ב	מ	מ	נ	כ	א	ף	ל	ל	ו	ן	י
ס	ת	ש	פ	פ	ת	ד	כ	ח	ג	א	ם	ל	ם
ל	ר	י	כ	ר	א	פ	י	א	ו	ל	י	ר	ג
ף	ת	ש	פ	א	ג	צ	ל	ל	ת	ש	ד	ת	ס
כ	צ	ף	י	א	ה	ע	ה	ס	נ	נ	ט	א	ה
ט	ד	ש	ו	ר	ג	א	ע	ג	נ	ב	ן	ת	צ
ב	צ	ש	ת	מ	כ	כ	ע	ח	ה	צ	כ	ת	ס

מזלגות
גריל
מצקת
מזון
צנצנת
מתכון
מקרר
מפית
סינר
כוסות

מקלות אכילה
קערה
קומקום
מקפיא
סכינים
כד
כפיות
תבלינים
ספוג
תנור

27 - Gentillesse

א	ל	פ	ד	ר	נ	ף	כ	ע	ח	ח	א	פ	מ
ש	א	ט	א	ג	ח	ם	ן	ד	ן	ל	ן	ח	ו
ח	ה	ס	ג	ר	כ	ו	ע	י	ס	כ	כ	ס	ע
נ	ו	ו	ד	ד	ס	ב	ם	ן	ט	פ	ע	ט	י
ר	ב	ב	ה	ת	ט	ע	פ	ש	מ	ח	א	ב	ל
ר	א	ל	ד	מ	מ	מ	ף	כ	ס	מ	נ	כ	ח
ת	ם	נ	ד	י	ב	י	ק	ב	ב	ה	ב	נ	ה
פ	מ	י	ע	ף	ל	ד	ש	ו	י	ט	ת	ה	כ
פ	ס	ד	ד	ם	ם	י	ו	ד	א	ר	ב	ט	ר
כ	ס	מ	ס	ג	ע	ד	ב	ל	י	י	מ	ד	ע
ף	ם	ע	ב	ד	ר	ו	ח	ג	פ	ח	ר	י	פ
ש	נ	א	ל	ע	פ	ת	ו	ח	נ	פ	ב	ד	ן
ה	ע	צ	נ	ב	ח	י	ב	ה	י	ס	כ	נ	מ
ס	ט	ן	י	ב	ר	ף	ל	ד	ם	ס	ת	ע	ל

חיבה
לאהוב
ידידותי
קשוב
מקורי
רחום
הבנה
עדין
אמין

נדיב
שמח
כנה
מסבירי פנים
סבלני
כבוד
פתוח
סובלני
מועיל

28 - Corps Humain

פ	ס	ה	צ	ב	ם	כ	נ	ב	ש	ס	מ	צ	ד
ף	ד	ט	ג	ב	ס	ד	ח	ח	ל	ה	נ	ש	ה
מ	נ	ר	ת	ל	מ	ע	מ	ן	ת	ש	ב	ט	ס
ל	צ	ג	א	א	מ	ם	ם	פ	ב	נ	ר	ט	ר
א	ו	ז	ן	א	מ	ב	ע	ל	כ	ה	ך	ן	ף
נ	ו	כ	א	נ	ב	ט	כ	ף	ן	ר	נ	ר	ת
א	א	צ	ש	ע	מ	א	א	ם	ד	כ	ף	כ	ב
ף	ר	ת	ת	ב	ם	ר	א	ח	ש	ש	צ	פ	ה
מ	ד	ה	ת	ם	כ	ת	ף	ג	ר	א	ש	ל	ב
ש	פ	ה	נ	ן	ל	א	ע	ג	ף	נ	נ	ס	פ
ש	פ	ת	י	י	ם	ם	פ	כ	ט	ף	צ	ת	נ
מ	ג	ט	ט	ח	א	צ	ב	ע	ב	ב	ד	צ	י
ד	ו	ק	י	ב	ה	ף	נ	ו	ן	ס	ח	פ	ם
ם	ג	ח	ד	מ	ר	פ	ק	ר	ס	ו	ל	ף	נ

פה
מוח
קרסול
צוואר
מרפק
לב
אצבע
קיבה
כתף
ברך

שפתיים
יד
לסת
סנטר
אף
אוזן
עור
דם
ראש
פנים

29 - Épices

כ	ש	מ	ב	כ	מ	ר	ת	ט	ד	ח	ר	ל	ם
ו	ו	ר	כ	מ	ש	ב	ע	ג	ת	ק	ט	ש	מ
ס	ם	י	ג	ו	ט	ם	ס	י	נ	א	ש	ו	ש
ב	ד	ר	מ	ן	ח	ע	ל	נ	ח	ר	ח	ג	ה
ר	ב	ר	ו	ב	צ	מ	ר	ג	ד	י	ן	ב	ל
ה	ח	ס	ס	ב	ב	ם	ע	ר	ל	ד	ב	צ	מ
ל	א	ת	ק	נ	ם	כ	ש	צ	צ	ג	צ	ל	ע
ס	ט	א	ט	ה	ע	ם	ע	ץ	ו	מ	ח	ד	צ
ן	ה	ה	נ	צ	ה	ק	י	ר	פ	פ	ח	ר	ם
ם	ר	מ	פ	פ	ל	י	נ	ו	ט	ל	ה	כ	ח
צ	א	ח	ף	ח	פ	נ	ל	ן	ר	פ	ע	ז	ג
ח	כ	ה	ן	ע	א	מ	ב	ש	ה	ל	ע	ף	ל
ג	צ	כ	ט	ג	ע	ו	ח	ש	ב	ל	מ	ש	פ
ר	ג	ה	ל	ף	ת	ן	ן	ן	מ	ן	ר	ל	ה

ג'ינג'ר
מוסקט
בצל
פפריקה
פלפל
שוש
זעפרן
טעם
מלח
וניל

חמוץ
שום
מריר
אניס
קינמון
הל
כוסברה
כמון
קארי
שומר

30 - Science

פ	צ	מ	ח	י	ם	צ	מ	ח	כ	מ	צ	נ	ד
ן	י	ב	א	ף	ע	ב	ע	ג	ס	ו	ן	י	ב
ט	ם	ז	ב	ו	ו	ת	ג	מ	ס	ל	מ	ס	ל
צ	ח	ן	י	כ	ב	ה	ט	ב	ש	ק	י	ו	ן
ם	פ	נ	ן	ק	ד	ן	ב	ע	ש	ו	נ	י	צ
כ	י	מ	י	ל	ה	נ	ע	ע	מ	ל	ר	ב	ש
ע	מ	ד	ס	ן	ף	מ	ט	ט	ם	ו	ל	ד	ה
ף	ל	ע	צ	ס	א	ק	ל	י	ם	ת	י	ע	פ
ר	פ	ן	א	ו	ר	ג	נ	י	ז	ם	ם	ר	נ
א	ב	ו	ל	ו	צ	י	ה	מ	מ	ר	ג	ח	ת
ח	ל	ק	י	ק	י	ם	נ	ף	ע	צ	מ	צ	ו
צ	ס	מ	ף	ב	ד	ן	ח	ה	ס	ב	ט	א	נ
ן	צ	ב	פ	א	ס	ט	ה	ף	ן	ף	ד	פ	י
ש	י	ט	ה	א	ט	ו	ם	נ	ן	מ	ש	ה	ם

אטום
כימי
אקלים
נתונים
ניסוי
אבולוציה
עובדה
מאובן
הנחה
מעבדה

שיטה
מינרלים
מולקולות
טבע
אורגניזם
חלקיקים
פיזיקה
צמחים
מדען

31 - Chats

ר	נ	ע	ת	ג	ט	ט	ד	ע	ג	ו	ש	מ	ם
פ	ר	צ	פ	ט	ס	ה	ם	ד	פ	נ	נ	ש	ן
ר	ר	מ	כ	כ	ג	ן	ע	ב	ר	ח	מ	ד	ט
א	ף	א	ב	א	ד	כ	כ	פ	צ	ש	כ	ב	ר
י	פ	י	ן	ש	י	י	ב	ף	ן	כ	ח	צ	ן
א	ה	א	ל	ר	ת	מ	ר	ע	ח	ף	א	ס	ל
ד	נ	ה	ר	ס	ב	כ	ר	ב	מ	י	מ	ס	ף
ט	ת	צ	פ	ר	צ	צ	ה	ז	ש	ד	י	י	צ
ב	כ	א	ג	צ	ם	ה	נ	י	ש	ר	ח	ר	ג
ש	כ	ן	ר	ק	ס	ב	ו	מ	ע	ב	פ	ת	פ
ג	ר	ח	ל	ן	א	ת	צ	ן	ל	פ	מ	ת	ם
צ	ש	ד	ה	ב	י	ח	ם	ח	מ	ש	ל	ף	כ
ר	א	ר	כ	מ	י	ו	כ	מ	ה	ו	ו	ר	פ
ף	ח	ן	ט	ק	ג	ט	ן	ר	ט	כ	כ	ל	ה

עצמאי
כפה
אישיות
קטן
זנב
פראי
עכבר
ביישן

חיבה
צייד
סקרן
שינה
מצחיק
חוט
משוגע
פרווה

32 - Vêtements

ת	ב	צ	ה	ט	ד	ד	מ	כ	ר	ל	צ	ם	פ
מ	כ	נ	ס	י	י	ם	ע	ג	ר	פ	ש	ב	ה
נ	ו	ש	ס	י	נ	ר	י	פ	ם	י	ר	נ	ן
ס	ב	נ	י	ל	ף	ת	ל	ס	מ	ג	ח	ע	פ
פ	ע	ף	ם	ט	א	ו	פ	נ	ה	מ	ל	נ	ע
ע	צ	ג	ת	ב	י	ת	א	כ	ה	ה	ע	ת	ת
כ	פ	פ	ו	ת	ל	ם	ף	א	ג	ח	ל	נ	ד
ד	ש	ר	ש	ר	ת	ג	ר	ב	י	י	ם	ע	ה
ד	ג	כ	ח	צ	א	י	ת	ב	ת	ש	פ	ל	ג
ש	צ	ה	ס	ג	י	נ	ס	ס	ו	ו	ד	ר	צ
מ	מ	ע	ת	ח	ו	ל	צ	ה	מ	ב	צ	ע	ע
ל	י	צ	י	ם	צ	ר	ח	ס	נ	ד	ל	י	ם
ה	ד	ד	ל	ף	ם	ע	ה	ד	ע	ד	ם	ג	ש
ש	ם	ח	ד	כ	צ	נ	ן	ש	ה	ת	פ	ת	ר

ג'ינס
חצאית
מעיל
אופנה
מכנסיים
סוודר
פיג'מה
שמלה
סנדלים
סינר

תכשיטים
צמיד
חגורה
כובע
גרביים
נעל
חולצה
שרשרת
צעיף
כפפות

33 - Arts Visuels

ש	י	צ	י	ר	ת	מ	ו	פ	ת	ס	ב	ת	ט
ע	ע	ב	פ	ח	ם	ש	ר	כ	ט	ר	ם	מ	ן
צ	י	ו	א	ר	ר	ת	ע	ט	ג	ט	ח	ה	כ
ם	ף	פ	ו	ף	ס	צ	ף	ב	י	ע	ל	מ	ש
נ	ת	ח	ר	ה	ג	פ	מ	פ	ר	ג	ש	צ	א
א	כ	ד	ד	ו	ן	ת	ק	ר	מ	י	ק	ה	מ
ד	י	ו	ק	ן	ן	ב	ף	ט	ף	ב	ר	ל	ן
ר	ף	ף	ב	י	צ	י	ר	ת	י	ו	ת	כ	ד
י	ר	ם	א	ע	ע	ת	צ	צ	א	ב	ת	ה	ב
ב	ח	ֶ	ר	ֶ	ס	ט	נ	ס	י	ל	ה	ד	ד
ל	ש	ה	ח	א	ע	ש	ט	צ	י	ו	ר	ב	ב
ו	ת	מ	כ	ן	צ	י	ו	ר	ט	ב	כ	פ	ב
ת	ל	ט	מ	ש	ר	ח	נ	ח	ן	ב	ב	מ	ה
ף	ח	ע	ר	צ	ח	ה	ר	ש	ג	ס	ב	ה	ל

אדריכלות
חֶרֶס
אמן
קרמיקה
פחם
יצירת מופת
כן ציור
שעווה
הרכב
גיר

עיפרון
יצירתיות
סרט
ציור
פרספקטיבה
סטנסיל
דיוקן
עט
לכה

34 - Chiens

א	ת	ם	ל	ח	ם	צ	ם	ע	א	ע	צ	ם	ר
י	ג	ט	נ	ט	ף	פ	ם	ס	כ	כ	י	ף	צ
נ	ף	ח	ב	ר	ף	ש	ף	ט	ם	ל	י	ד	ו
ס	ר	ם	ו	ש	ן	ג	פ	א	ל	ב	ת	ד	ע
ט	פ	ב	ח	ע	ק	ש	ן	ם	מ	ל	ן	ף	ה
י	מ	צ	י	ד	י	ד	ו	ת	י	ב	ט	ב	ד
נ	ם	צ	ח	י	ח	ש	ף	ם	ת	נ	ס	ט	ר
ק	א	ע	ל	ן	א	ל	נ	פ	נ	ב	ן	ה	כ
ט	ס	ם	מ	ף	ע	ף	ם	ד	ן	ל	צ	ע	ה
י	ע	ס	ב	ם	ל	ש	ע	ת	ט	ד	ג	ל	ב
ם	צ	נ	ע	ם	מ	ש	צ	ת	ג	ב	ב	א	ש
נ	א	מ	ן	ס	פ	ר	ו	ו	ת	י	ם	א	ן
ג	ד	ו	ל	ל	ח	ש	פ	פ	ד	מ	ש	ב	ח
ס	ד	ש	ג	ר	ע	ע	נ	ק	ט	ן	ן	ש	צ

אינסטינקטים
רצועה
נאמן
צייתן
עצם
קטן
פרוותי
עקשן

לנבוח
ידידותי
כיף
כלבלב
חבר
עדין
הדרכה
גדול

35 - Méditation

ר	ן	ח	ע	ג	ע	ל	מ	ש	מ	ד	ס	ח	ת
ג	פ	מ	פ	ט	ע	ו	ג	ר	פ	ט	ס	צ	פ
ש	ת	ב	ם	ט	ז	א	ף	נ	ר	ר	ה	ן	מ
ו	ק	ם	ח	י	פ	ש	ם	פ	ף	ם	מ	ם	ו
ת	ב	מ	ק	צ	א	ם	ם	י	ל	ג	ר	ה	ח
ט	ל	ה	ב	י	ט	ק	פ	ס	ר	פ	ן	צ	א
ה	ה	כ	מ	ב	כ	ס	ה	ק	י	ת	ש	פ	נ
ף	ט	ר	ע	ה	פ	ט	ט	ב	ל	ל	ד	ג	ף
ג	ח	ת	ש	ה	ע	ו	נ	ת	ו	ר	י	ה	ב
פ	ת	ת	ר	ן	ס	ל	ל	ם	צ	פ	כ	ל	ח
ח	ד	ו	ב	נ	ג	ד	ל	ת	ו	ב	ש	ח	מ
ת	ב	ד	נ	ד	ש	ט	מ	ש	ם	ש	ב	ע	כ
ב	ן	ה	ג	ר	ט	ב	ו	ר	פ	ה	ח	ס	פ
ת	כ	ס	כ	ש	ש	ע	ד	כ	ת	ח	א	ש	ן

הרגלים
נפש
תנועה
מוזיקה
טבע
שלום
מחשבות
פרספקטיבה
יציבה
שתיקה

קבלה
ללמוד
רגוע
בהירות
חמלה
מוח
רגשות
ער
חסד
הכרת תודה

36 - Littérature

צ	ל	א	מ	ת	ר	ם	ס	א	ת	צ	פ	ג	ט
ז	ו	ר	ח	ב	כ	ד	ג	נ	ש	מ	ע	ן	ס
ן	ב	פ	ב	צ	ק	י	נ	ל	ש	ד	ר	ד	ע
ן	מ	ו	ר	ם	ר	א	ו	ו	ן	י	י	ר	ק
ד	ט	א	מ	פ	ה	ל	ן	ג	צ	ש	כ	ל	ד
ט	פ	ט	נ	ן	ש	ו	ס	י	ת	ת	ר	ן	ר
ד	ו	י	נ	ן	ו	ג	מ	ה	נ	ש	צ	ס	א
ה	ר	ף	מ	ב	ו	י	נ	ו	י	ד	ב	ת	נ
כ	ה	א	נ	ה	א	מ	ש	צ	ל	ר	י	י	ק
ר	ר	ר	ש	ע	ה	א	ש	ש	מ	א	ת	ל	ד
ג	ם	ו	כ	י	ס	ש	ת	ח	ו	ו	ה	צ	ו
ה	י	ד	ג	ר	ט	י	ג	ר	ח	ן	ם	ש	ט
ד	ד	ה	צ	ש	ס	ר	ר	מ	פ	א	ש	ד	ה
ד	ל	נ	ה	ס	ף	ה	י	פ	ר	ג	ו	י	ב

מטפורה
קריין
שיר
פואטי
חרוז
רומן
קצב
סגנון
ערכת נושא
טרגדיה

אנלוגיה
ניתוח
אנקדוטה
מחבר
ביוגרפיה
השוואה
סיכום
תיאור
דיאלוג
בדיוני

37 - Nourriture #1

ת	א	ע	ל	ה	ם	ה	ח	ר	ב	ג	ק	ל	ג
ג	ד	ג	ל	ע	ת	פ	ל	ח	ת	צ	י	א	ש
ב	ש	ף	ז	ס	ב	ס	ב	פ	ח	פ	נ	ג	ן
ח	מ	כ	ס	ר	י	ח	ן	צ	א	ד	מ	ר	ק
ל	פ	ם	ח	ב	ל	ס	ח	א	ת	ס	ו	כ	ר
ב	ל	י	מ	ו	ן	ס	ת	ט	צ	פ	ן	ש	ח
כ	ב	ע	ה	ט	ה	ל	פ	ה	ע	ם	ג	נ	ה
צ	ם	ת	ר	ד	ל	ט	נ	מ	ח	צ	ן	ף	ש
ב	ש	ע	ו	ר	ה	ב	ל	מ	כ	ן	ט	נ	ט
ף	מ	ל	ח	ן	ל	צ	ם	ש	צ	ט	א	ח	ל
ף	ל	י	א	ג	ס	ל	ש	ו	ם	ג	ו	ד	נ
ט	פ	ח	ץ	נ	ש	א	פ	כ	ק	ש	ה	נ	ן
ס	ת	ו	ת	ש	ד	ה	ד	ג	פ	ב	ש	ר	ה
ש	ג	ד	ב	נ	ש	צ	ס	ג	ה	כ	נ	ל	ל

שום
ריחן
קפה
קינמון
גזר
לימון
תרד
תות שדה
מיץ
חלב

לפת
בצל
שעורה
אגס
סלט
מלח
מרק
סוכר
טונה
בשר

38 - Jours et Mois

י	י	א	ל	ו	ח	ש	נ	ה	ב	י	ה	נ	נ
נ	ו	ו	פ	ס	פ	ט	מ	ב	ר	ו	ב	ו	ן
ו	ס	ם	ם	ר	ג	ח	ר	ד	ד	ם	י	ב	ת
א	ת	א	ש	ר	י	ד	ץ	ן	פ	ר	ו	מ	ג
ר	ם	מ	ל	ל	ב	ל	ל	א	מ	א	ם	ב	ע
ש	ב	ו	ע	ה	י	י	ס	ח	ג	ש	ש	ר	מ
נ	ח	כ	ל	א	ף	ש	ע	נ	ה	ו	נ	נ	ם
א	ו	ג	ו	ס	ט	פ	י	י	ה	ן	י	ד	ח
ד	ד	ס	ד	ה	ם	ף	א	ו	ק	ט	ו	ב	ר
ט	ש	ש	ג	י	ו	ם	ח	מ	י	ש	י	י	ל
י	ו	ם	ש	ב	ת	ג	צ	ע	כ	ת	ת	ו	י
ב	ס	מ	פ	א	ג	פ	פ	ן	כ	ג	ג	נ	ו
ט	ש	ח	צ	ש	א	פ	ב	ר	ו	א	ר	י	ל
ס	ר	ד	פ	מ	ם	כ	י	ו	ם	ש	י	ש	י

אוגוסט	יום שלישי
אפריל	מרץ
לוח שנה	יום רביעי
יום ראשון	חודש
פברואר	נובמבר
ינואר	אוקטובר
יום חמישי	יום שבת
יולי	שבוע
יוני	ספטמבר
יום שני	יום שישי

39 - Championnat

ל	א	צ	ם	ז	י	ע	ה	ב	ם	ש	ף	מ	ת
י	ל	ע	ו	ם	ג	ש	ן	פ	ד	ם	ע	ס	ם
ג	ו	א	ף	ו	ה	א	א	צ	ש	ן	ג	ע	ר
ה	ף	ל	ד	ת	ת	ש	ן	ף	ף	ה	ב	ס	ע
מ	א	י	ג	פ	ה	מ	ו	ט	י	ב	צ	י	ה
ש	ס	פ	ל	מ	מ	א	כ	פ	ד	י	ס	ב	ת
ח	ט	ו	ח	ף	ר	מ	ל	מ	ט	צ	פ	ו	ם
ק	ר	ת	ע	ת	ט	ן	צ	מ	ו	ו	ו	ל	ף
י	ט	נ	י	צ	ח	ו	ן	ד	ר	ע	ר	ת	ע
ם	ג	פ	נ	ל	ל	צ	ח	ל	נ	י	ט	ת	צ
כ	י	ד	ד	ש	ט	ח	ש	י	י	ם	ש	ע	כ
ד	ה	ט	ב	ב	ג	ת	ש	ה	ר	ש	ל	ר	נ
ר	ר	ב	ף	ס	ר	ם	ף	ב	ד	כ	פ	ח	פ
ש	ל	ר	ר	ש	ע	כ	ל	ג	נ	ת	ת	ל	ף

אלוף
אליפות
סיבולת
מאמן
צוות
לגמר
משחקים
שופט
ליגה

מדליה
מוטיבציה
ביצועים
ספורט
אסטרטגיה
טורניר
זיעה
ניצחון

40 - Pirates

ג	א	ו	צ	ר	ת	ס	ב	כ	ח	צ	ו	ו	ת
ס	ג	ו	ל	א	ו	כ	מ	ר	ג	ף	ע	ח	ה
ל	ר	ת	ק	י	כ	נ	ה	ד	ח	ע	ד	ע	פ
ש	א	מ	ת	י	י	ה	ף	ר	ס	ח	ו	ף	ח
ט	ד	מ	ת	ת	י	ף	א	ג	ח	ר	ו	ם	נ
ה	ר	פ	ת	ק	ה	נ	ב	מ	ט	ב	ע	ו	ת
ן	א	ש	כ	ר	ח	ד	ו	ג	א	ש	ד	ל	ל
ע	ו	ג	ן	נ	ש	נ	ס	ס	ס	ג	מ	ח	ג
מ	ס	כ	ם	מ	כ	א	נ	ף	ר	ם	ד	ג	ל
ע	ל	ס	ה	ת	ט	ש	ה	ל	ע	מ	פ	ה	ד
ר	ה	פ	נ	ע	ח	ה	ף	ד	ס	ע	ד	ל	פ
ה	ב	פ	נ	ן	ה	ף	ק	פ	ט	ן	ז	ה	ב
ב	ר	ש	ף	ס	א	מ	ן	ע	צ	ם	כ	ט	ל
ע	ס	צ	מ	ח	ד	ל	א	ן	ע	נ	ת	ף	ס

אי
אגדה
רע
אוקיינוס
זהב
תוכי
מטבעות
חוף
רום
אוצר

עוגן
הרפתקה
קפטן
מפה
צלקת
סכנה
דגל
חרב
צוות
מערה

41 - Activités

ט	י	ו	ל	י	ם	פ	ד	א	ט	ן	כ	מ	ג
ט	ס	ג	ה	ד	ח	א	נ	ט	מ	ה	נ	ל	י
ף	ט	ב	ת	ה	ף	י	ג	א	מ	נ	ע	א	נ
ק	ק	ר	י	א	ה	נ	ש	ן	י	ג	ו	כ	ו
מ	ש	ח	ק	י	ם	ט	צ	צ	ח	כ	ר	ת	ן
פ	ע	א	ב	ח	ף	ר	י	ן	א	ב	ב	י	ה
י	ר	ם	ח	ג	ש	ס	ד	י	ג	ג	ע	ד	ר
נ	ב	ף	ן	צ	מ	י	ו	מ	נ	ו	ת	כ	פ
ג	ג	צ	ת	י	ל	ם	ק	ס	ם	צ	פ	ף	י
כ	פ	ע	י	ל	ו	ת	ע	נ	ו	ג	ת	פ	ה
ת	ב	מ	צ	ו	ת	פ	י	ר	ה	פ	א	ת	ס
ן	ג	מ	ג	ם	ר	ר	י	ק	ו	ד	פ	נ	פ
ג	ם	ס	א	נ	ח	ה	צ	ב	ף	ע	ב	ג	ע
ש	ף	נ	נ	ס	ן	ה	א	צ	ג	ת	ת	מ	ת

משחקים
קריאה
פנאי
קסם
ציור
דיג
צילום
תענוג
טיולים
הרפיה

פעילות
אמנות
מלאכת יד
קמפינג
ציד
מיומנות
תפירה
ריקוד
אינטרסים
גינון

42 - Fleurs

ג	ד	פ	ם	נ	ל	ה	ח	ס	ל	מ	ע	ס	ס
ר	מ	ח	ה	ן	ר	ד	צ	מ	ב	ע	ס	ר	ט
ד	ג	ן	י	ן	ה	ק	ר	ט	נ	ל	י	ל	ך
נ	ל	צ	ב	ע	ו	נ	י	ט	ד	י	י	ז	י
י	א	ט	י	מ	מ	ט	ש	ס	ר	ב	ת	מ	ט
ה	ג	ז	ס	ט	ס	ס	ו	ת	ר	ו	ל	ס	ר
ס	ב	ר	ק	כ	נ	ר	ש	ע	ש	ת	ת	ח	ח
ב	ר	ס	ו	ן	ג	ר	ן	ן	ג	ר	ן	ל	ת
ח	ב	פ	ס	י	פ	ל	ו	ר	ה	ת	ף	ב	י
מ	ג	נ	ו	ל	י	ה	ר	ח	ה	א	ה	צ	ס
ם	ל	פ	ס	א	ן	ב	ד	פ	ת	א	ר	ב	מ
פ	צ	צ	ב	ל	ה	ע	ת	צ	צ	ס	ר	י	י
ר	פ	ס	ה	פ	ח	נ	ף	ת	ם	ב	כ	ע	ן
ג	ט	ת	ג	ת	א	ד	מ	ו	נ	י	ת	ת	ס

סחלב
פסיפלורה
פרג
עלי כותרת
שן הארי
אדמונית
ורד
חמנית
תלתן
צבעוני

זר
גרדניה
היביסקוס
יסמין
נרקיס
לבנדר
לילך
שושן
מגנוליה
דייזי

43 - Nourriture #2

ש	ר	ש	פ	ה	ע	ע	ם	פ	ף	ר	ה	א	ס
ו	ק	ט	מ	ח	ו	ע	ר	ט	א	ו	ר	ז	ת
ק	י	ד	ע	ט	ף	ע	ה	ר	ל	פ	ד	כ	ש
ו	ו	ח	ג	מ	נ	ג	ו	י	ח	י	ט	ה	כ
ל	ו	ט	נ	ד	ן	ב	פ	י	ם	ר	ג	ח	ס
ד	י	ח	ם	ס	ת	נ	ד	ה	ע	ת	ל	ת	צ
ו	ס	ס	ע	ר	ם	י	ט	כ	ט	ן	ס	פ	ב
ב	א	ן	ט	ל	ה	י	ח	ט	ד	ס	ן	ו	ב
ד	ט	ם	ה	כ	א	ה	ד	צ	ן	מ	ת	ח	י
ב	נ	נ	ה	ח	ף	ג	פ	ן	י	ח	נ	מ	צ
ן	ם	ש	ד	ג	ב	ר	ו	ק	ו	ל	י	צ	ה
פ	ט	ט	ף	ת	ה	ס	ס	ל	ן	ט	ט	ד	נ
ה	פ	ת	כ	ד	ס	ל	פ	ג	ח	ע	ס	נ	ת
ד	ע	כ	ס	א	ן	ס	ף	פ	ם	ס	ל	ר	י

שקד
חציל
בננה
חיטה
ברוקולי
דובדבן
סלרי
פטרייה
שוקולד
חם

קיווי
מנגו
ביצה
לחם
דג
תפוח
עוף
גפן
אורז
עגבנייה

44 - Océan

ד	ח	ת	ת	ח	ם	ח	פ	ו	ל	צ	א	ל	ה
ל	ג	פ	ש	ס	ג	ע	ע	ן	ו	נ	מ	ת	ש
כ	ש	י	ר	כ	ג	ו	פ	ס	ו	כ	ד	ר	ט
ח	א	ט	י	נ	ד	ף	ה	ת	י	נ	ו	ש	א
נ	ן	ו	מ	ה	ד	פ	כ	ד	ת	נ	ז	ג	כ
פ	כ	נ	פ	ע	ש	ב	ד	כ	ן	ל	ה	ן	מ
ד	ד	ה	ס	ג	ן	ל	פ	ש	ו	ת	ו	א	ג
ח	כ	ת	ע	א	ס	ל	ף	ב	ג	ת	ל	ג	ס
ס	ע	ה	ר	י	ס	ח	ן	פ	ד	מ	פ	ג	ג
ע	ב	צ	ה	ד	ב	ף	מ	פ	ו	ה	פ	ד	צ
ת	ה	ח	ם	ג	נ	ר	ט	ג	ף	ג	ם	ב	נ
ג	ם	י	ל	ג	ש	ב	פ	ף	ג	ר	ח	ל	מ
צ	ח	כ	ן	י	פ	ל	ו	ד	ם	פ	ף	ב	פ
ב	ד	ם	ת	כ	ת	צ	מ	ג	ת	ה	ר	מ	ע

מדוזה
דג
תמנון
כריש
שונית
מלח
סערה
טונה
צב
גלים

צלופח
לוויתן
סירה
אלמוג
סרטן
שרימפס
דולפין
ספוג
צדפה
גאות ושפל

45 - Remplir

מ	נ	ר	ת	י	ק	ר	צ	ה	פ	ף	מ	ח	ל
א	ג	ן	י	א	ר	ג	ז	ב	ש	פ	ז	ן	ם
ג	ג	ש	ב	ק	ב	ו	ק	ם	ע	צ	ו	ש	מ
ר	נ	צ	ה	ח	ט	ה	ד	ד	ל	י	ו	צ	ב
ט	ש	ש	מ	צ	ק	ר	ט	ו	ן	נ	ד	ח	צ
ל	מ	צ	ת	ט	נ	כ	ש	כ	ד	ו	ה	ס	ן
ב	מ	א	ר	ת	ם	צ	צ	ר	ח	ר	נ	ל	ת
א	ה	ן	ס	מ	ש	ד	נ	ב	ב	נ	כ	ד	ע
ה	פ	ס	ג	ג	ע	ט	ט	ת	י	ק	י	ה	ב
ד	ד	ת	א	י	ל	ט	ח	כ	ת	ב	ס	ה	ג
ע	ה	ת	ל	ר	מ	ג	פ	ע	מ	א	כ	ב	ד
נ	ד	ג	ב	ה	א	ר	ס	ה	ר	ת	ש	ר	ן
ג	צ	ע	ם	ר	ן	מ	ף	ת	מ	ס	ס	ה	ף
ת	ם	ט	ע	ג	ג	פ	ף	נ	ח	ל	ת	ת	ת

חבית
אגן
תיבה
בקבוק
ארגז
קרטון
תיקיה
מעטפה
סל

מגש
כיס
צנצנת
תיק
דלי
מגירה
צינור
מזוודה
אגרטל

46 - Ballet

ה	פ	ן	מ	ל	ש	ת	ר	ג	ו	ל	ס	מ	ע
ע	ם	ח	א	ן	ד	ז	ח	ל	ת	ה	ג	י	מ
ש	ו	ד	ב	נ	ט	מ	ה	י	ט	ט	נ	ו	ו
ס	ש	צ	ל	א	ס	ו	ל	ו	נ	ס	ו	מ	ז
ת	י	ד	מ	ב	מ	ר	ת	ן	נ	נ	ן	נ	י
ג	ע	ש	כ	ת	ע	ת	ג	מ	ת	ן	י	ו	ק
ב	ו	ר	י	א	ו	ג	ר	פ	י	ה	ף	ת	ה
ט	ר	י	ר	ש	א	מ	נ	ו	ת	י	א	פ	ט
ח	י	ר	ק	ר	נ	ג	ל	ע	צ	פ	ש	ח	כ
נ	ם	י	ד	ק	ה	ל	מ	ל	ח	י	ן	ס	נ
ל	ח	ם	נ	ם	ב	ת	ח	ם	מ	ח	ש	צ	י
ס	ס	ס	י	ד	מ	ם	ו	ק	צ	ב	ז	ל	ק
פ	א	ף	ם	מ	ה	ע	ו	צ	ד	ס	נ	ר	ה
צ	ת	ג	ם	ם	ח	נ	ה	מ	ב	י	ע	ת	ה

שרירים
מוזיקה
תזמורת
תרגול
קהל
חזרה
קצב
סולו
סגנון
טכניקה

אמנותי
כוריאוגרפיה
מיומנות
מלחין
רקדנים
מביע
מחווה
חינני
עוצמת
שיעורים

47 - Fruit

נ	ר	ן	ת	ל	ף	ן	א	פ	ה	ר	ש	ב	ח
ס	ק	ש	א	ב	ת	פ	מ	ל	ו	ן	ן	ע	א
ש	י	ט	ף	ף	א	פ	ר	ס	ק	נ	ט	א	ד
ט	ו	ח	ר	ל	נ	א	ל	מ	ן	ם	ב	ת	נ
ם	ו	א	ן	י	ה	י	י	ח	נ	ד	ב	ד	ש
א	י	ל	ע	ש	נ	ה	מ	ח	כ	ג	ד	ר	ת
ב	נ	נ	ה	ס	ג	ה	ו	מ	ת	פ	ו	ח	י
ו	ג	ו	י	א	ב	ה	ן	ש	ו	ט	ב	ר	ס
ק	פ	מ	ע	ם	פ	ר	ן	מ	ם	ל	ד	ס	ר
ד	ן	כ	מ	א	נ	נ	ס	ש	ם	ה	ב	ג	ח
ו	ס	ף	א	ח	ס	ף	מ	ל	ד	ב	ן	פ	ס
ס	ם	ל	ג	ח	א	ג	נ	כ	א	ח	מ	ת	ס
ב	ד	ר	ל	ג	צ	ת	צ	א	ג	ם	ם	ם	נ
ה	ה	ח	ל	ד	ט	ף	א	צ	ס	מ	נ	מ	ש

קיווי
מנגו
מלון
נקטרינה
כתום
פפאיה
אפרסק
אגס
תפוח
גפן

משמש
אננס
אבוקדו
ברי
בננה
דובדבן
לימון
תאנה
פטל
גויאבה

48 - Surf

ד	ח	ה	מ	פ	צ	מ	ק	י	צ	ו	נ	י	מ
ר	ן	ם	ה	ם	ג	ף	צ	ה	ם	ש	מ	ש	ת
ד	ת	ף	י	ע	כ	ת	ף	ן	ל	ח	ב	ד	ח
ת	ם	ע	ר	ם	צ	ר	ט	ט	ק	כ	ו	ר	י
ס	ד	ב	ו	מ	ז	ג	א	ו	ו	י	ר	ף	ל
ד	ם	ן	ת	ס	ד	ל	מ	ה	ש	ף	ב	א	צ
מ	א	ן	ט	פ	ר	צ	א	ל	ו	ף	ב	ה	נ
ן	ר	ר	כ	ו	ח	ס	כ	א	נ	ם	ד	ג	ע
צ	ג	ד	מ	ר	ר	ן	ם	ח	י	פ	כ	נ	ס
כ	ג	ן	ג	ט	ע	ג	ם	ב	ת	ג	ר	פ	ג
א	כ	פ	ף	א	ד	ח	א	ע	פ	מ	נ	ת	נ
א	ו	ק	י	י	נ	ו	ס	ל	ש	ח	ו	ת	ו
ש	ת	נ	פ	ל	פ	ל	ם	ט	א	פ	נ	ע	ן
פ	ו	פ	ו	ל	ר	י	ש	ש	ה	ל	ף	ש	פ

קצף
לשחות
אוקיינוס
חוף
פופולרי
שונית
סגנון
גל
מהירות

כיף
ספורטאי
אלוף
מתחיל
קיבה
קיצוני
כוח
קהל
מזג אוויר

49 - Technologie

פ	נ	נ	ד	ו	א	כ	כ	ש	מ	ס	כ	ן	א
ד	ג	ן	א	י	נ	ט	ר	נ	ט	ט	ס	נ	ר
פ	י	ף	ת	ר	ג	מ	כ	א	ד	ט	ה	מ	ס
ד	ף	ט	ח	ט	ר	י	ה	כ	ס	י	ט	ח	ן
פ	מ	ש	ב	ו	מ	כ	ט	פ	פ	ס	ג	ש	ב
ן	ל	ב	ב	א	ס	א	ת	ל	ן	ט	ס	ב	ה
ק	ו	ב	ץ	ל	ן	ב	ר	ט	י	י	ם	י	ע
נ	ת	ו	נ	י	ם	ל	מ	מ	מ	ק	ש	ט	ר
ת	ו	כ	נ	ה	מ	ו	צ	ש	ב	ה	ל	ח	ע
ף	ן	א	נ	ת	ד	ג	ל	כ	ת	ן	ר	ו	ב
ה	ו	ד	ע	ה	צ	נ	מ	ר	י	מ	ד	ן	ש
ד	א	ח	ב	א	פ	ט	ה	כ	ם	ח	ס	פ	ד
ג	ו	פ	ן	כ	ם	פ	ס	ח	צ	ק	ן	ך	צ
ע	ב	מ	א	ת	ף	ת	ר	ח	ר	ר	ה	ב	א

בלוג
מצלמה
סמן
נתונים
מסך
קובץ
אינטרנט
תוכנה
הודעה
דפדפן

דיגיטלי
בתים
מחשב
גופן
מחקר
ביטחון
סטטיסטיקה
וירטואלי
נגיף

50 - Météo

ה	ר	ט	מ	פ	ר	ט	ו	ר	ה	ח	כ	נ	ה
ע	ו	ו	כ	צ	ל	ר	ע	ם	צ	ה	ם	ש	ו
פ	ח	ר	א	ל	ה	ק	ו	ט	ב	ק	ש	ת	ר
נ	צ	נ	ע	כ	ג	י	ל	א	צ	ר	ס	ש	י
כ	ן	ד	ן	נ	ח	ע	ב	ק	ו	ח	ב	י	ק
ן	ם	ו	ם	מ	ן	ל	צ	ל	ר	ו	ל	ב	ן
ר	ו	ִ	ח	ַ	ש	ח	ר	י	ת	ן	י	ש	נ
א	ה	פ	ש	ף	כ	ף	ן	ם	צ	צ	ג	ר	ד
צ	ט	ט	ס	ל	ט	ל	ט	ד	א	ש	ב	ה	ה
ת	ן	א	ט	ס	צ	ט	מ	ו	נ	ס	ו	ן	ן
ד	ד	ע	ס	ע	ג	ר	ח	פ	ן	ע	פ	ט	ל
ע	ר	פ	ל	ח	ת	ו	צ	ב	ה	ר	ף	פ	ט
מ	ף	ן	פ	צ	ל	פ	מ	צ	ט	ה	כ	ב	ף
ף	ד	פ	ג	ם	ס	י	ט	ט	ת	ל	פ	ד	ח

קשת
אווירה
רוּחַ
ערפל
רקיע
אקלים
קרח
לח
מונסון
ענן

הוריקן
הקוטב
יבש
בצורת
טמפרטורה
סערה
רעם
טורנדו
טרופי
רוח

51 - Châteaux

פ	ג	ש	ב	מ	ל	ד	ג	פ	ב	א	ס	ב	ג
ע	ג	ו	ב	א	ע	ח	ס	ף	ה	ע	צ	ב	ן
ר	נ	ש	א	ת	ב	ן	א	מ	ת	מ	ג	ל	ד
ת	כ	ל	ש	ת	מ	ת	צ	ג	ן	ן	ח	ג	ף
א	מ	ת	ל	ל	ע	מ	י	ד	ם	ד	ס	נ	פ
ח	י	ש	ר	י	ו	ן	ל	ל	נ	ע	נ	ר	ת
פ	ש	מ	ג	ן	ט	ט	י	ד	ל	ן	ע	ט	ת
ה	ג	א	פ	כ	ן	נ	ם	ה	ד	ף	ד	מ	ל
מ	א	ב	י	ר	כ	ר	נ	ס	ב	ת	ם	ס	א
ס	מ	מ	א	ף	י	ס	ו	ס	ל	ת	ף	צ	ל
א	ר	מ	ו	ן	ת	ה	נ	ס	י	כ	ה	י	מ
ל	ר	ל	ד	ר	ק	ו	ן	ף	צ	ך	ה	נ	ל
ה	ד	כ	ל	ח	ר	ב	ק	י	ר	ט	ב	ו	צ
כ	ג	ה	צ	ב	ב	ר	ג	ת	נ	צ	ס	ק	ל

חרב
פיאודל
קיר
אצילי
ארמון
נסיך
נסיכה
ממלכה
מגדל

שריון
מגן
מעוט
סוס
אביר
כתר
צינוק
דרקון
שושלת
אימפריה

52 - Randonnée

ן	ב	ש	מ	פ	ה	ש	פ	ם	ע	ת	ה	א	ד
נ	כ	ב	ד	א	פ	כ	מ	ס	י	ע	ר	ט	ש
ט	ב	ע	ר	ר	ף	ל	נ	ש	י	ח	י	ו	ת
י	כ	ת	י	ק	צ	ו	ק	ה	ף	ס	ח	ס	ף
י	ל	מ	כ	י	ג	ה	ל	ת	ף	ר	פ	כ	ח
ה	ה	מ	י	ם	ב	ן	ד	ן	ט	ן	ה	ד	ש
כ	כ	ג	ם	ט	ה	ר	ן	פ	ר	א	י	ד	מ
כ	ם	ג	כ	ש	ם	נ	ש	ד	פ	ף	א	מ	פ
ר	א	ר	א	ח	נ	ד	ן	ה	ס	ל	נ	ג	ר
ש	ם	פ	ח	ק	מ	פ	י	נ	ג	ן	ט	מ	צ
ט	ף	ב	ל	א	ל	ל	צ	כ	ה	ת	מ	ה	ל
מ	ז	ג	א	ו	ו	י	ר	מ	ג	פ	י	י	ם
א	ב	נ	י	ם	ה	א	ם	ל	צ	א	ן	ל	ת
ט	צ	ה	א	ף	ת	פ	ף	מ	ף	צ	מ	מ	ה

מזג אוויר
הר
טבע
נטייה
פארקים
אבנים
הכנה
פראי
שמש
פסגה

חיות
מגפיים
קמפינג
מפה
אקלים
מים
צוק
עייף
מדריכים
כבד

53 - Art

ה	א	פ	ש	ו	ט	ר	ש	כ	מ	ק	ו	ר	י
ר	ש	צ	י	ו	ר	י	ם	ל	ב	ו	ק	ד	ב
כ	ת	ר	ס	ס	ח	ז	ו	ת	י	ט	ר	ם	מ
ב	כ	ג	א	ע	ו	ס	מ	ל	מ	ד	מ	כ	צ
ר	ת	א	ף	ה	ן	ל	ף	ף	נ	כ	י	נ	ב
ל	נ	כ	א	ג	א	ב	ט	ב	ו	ג	ק	ה	ר
ד	ע	נ	ן	פ	נ	צ	מ	ד	ש	ש	ה	ן	ו
ת	ס	ב	ת	ף	ד	ר	ל	מ	א	ת	ן	ח	ח
ם	ר	י	ח	ף	ף	ם	ע	ו	א	י	ש	י	א
צ	ה	ט	צ	ס	ש	ף	כ	ת	ת	נ	ש	ת	מ
ת	ד	ו	ר	מ	ר	נ	ע	ד	ס	ף	ר	ט	ע
נ	ח	י	מ	א	ס	ו	ר	י	א	ל	י	ז	ם
ג	ט	ג	מ	ר	ר	מ	ב	נ	ג	מ	א	ה	ע
ב	פ	ש	י	ר	ה	ד	א	ת	ף	ה	ח	ן	ש

ציורים
אישי
שירה
פיסול
פשוט
נושא
סוריאליזם
סמל
חזותי

קרמיקה
מורכב
הרכב
ביטוי
דמות
כנה
מצב רוח
השראה
מקורי

54 - Nutrition

ד	נ	נ	פ	א	ת	ם	ה	ע	מ	ר	י	ר	ן
ם	א	ש	ח	ע	כ	ל	צ	ר	ש	ע	ב	ס	ה
ו	ת	ד	מ	ש	ח	י	ל	ט	ק	ל	ם	ת	מ
י	ל	ד	י	א	ט	ה	ל	ה	ל	ן	ן	ם	ב
ט	ת	ט	מ	ב	ר	נ	כ	ל	ג	ר	ן	ס	כ
מ	ק	ל	ו	ר	י	ו	ת	ס	י	ס	ה	ל	צ
י	מ	ר	ת	י	ף	ז	ר	ו	ט	ב	ף	ן	ל
ן	א	ב	ן	א	ח	ל	ת	ב	ל	י	נ	י	ם
נ	ב	ת	כ	ו	א	י	כ	י	ע	י	כ	ו	ל
מ	ף	ג	א	ת	ב	ם	ט	מ	א	ו	ז	ן	ם
ס	ג	ב	ר	י	א	כ	צ	צ	ש	ב	ע	ה	ט
ם	ל	כ	נ	ד	כ	ר	מ	מ	ר	ג	ו	ג	ע
ט	ת	ד	ח	ל	ב	ו	נ	י	ם	כ	א	ן	ם
ר	ש	ס	צ	ד	ב	מ	ת	מ	ע	ד	א	ח	כ

מריר
תיאבון
קלוריות
אכיל
דיאטה
עיכול
תבלינים
מאוזן
תסיסה
פחמימות

נוזלים
משקל
חלבונים
איכות
בריא
בריאות
רוטב
טעם
רעלן
ויטמין

55 - Science Fiction

מ	ל	ה	נ	ד	ט	מ	כ	ח	ת	ע	ר	ב	ט
ס	ט	כ	ה	י	י	נ	ו	י	מ	ד	ל	מ	ת
ת	כ	ת	א	ס	ד	ש	ה	נ	ם	ת	ש	ר	ם
ו	נ	ר	ד	ט	ש	ל	ד	ע	ט	ג	ח	ע	ח
ר	ו	ס	ב	ו	ת	ח	כ	ו	ה	י	ל	ש	א
י	ל	כ	ת	פ	ג	ש	ן	ל	ש	ת	ת	ד	ו
ה	ו	צ	ש	י	ל	ל	ת	ם	כ	ג	נ	כ	ר
פ	ג	ח	ט	ה	ק	ר	ע	ו	נ	ל	ו	ק	ק
ם	י	ר	פ	ס	ס	ן	פ	ס	ש	א	ה	פ	ל
נ	ה	י	נ	ד	י	ת	ע	י	ט	ס	ט	נ	פ
ח	כ	ס	ס	ן	ה	י	פ	ו	ט	ו	א	ם	ד
ת	כ	ל	ב	כ	ו	כ	מ	ץ	ו	צ	י	פ	נ
ל	ח	י	נ	ו	צ	י	ק	נ	ף	ס	נ	ל	ת
ם	ף	פ	ר	נ	פ	ט	ם	י	ט	ו	ב	ו	ר

דמיוני
ספרים
עולם
מסתורי
אורקל
כוכב לכת
רובוטים
תרחיש
טכנולוגיה
אוטופיה

אטומי
קולנוע
דיסטופיה
פיצוץ
קיצוני
פנטסטי
אש
עתידני
גלקסיה
אשליה

56 - Vertus #1

ה	א	ט	ח	ס	ל	צ	נ	ש	ד	נ	ס	ש	נ
ל	ב	ו	כ	ן	נ	כ	ד	ח	א	ן	י	מ	א
ש	פ	ב	ם	ו	ן	ל	י	נ	ל	ב	ס	ע	מ
ר	ל	י	ע	ו	מ	ה	ב	נ	ס	ק	ש	ש	נ
ל	כ	י	א	מ	צ	ע	ע	י	ר	כ	מ	י	ו
ט	ח	א	ף	ע	ר	א	ב	ן	ת	ס	ש	ע	ת
ג	ח	כ	נ	ט	ד	ח	מ	ת	מ	ב	נ	י	י
ר	ח	ח	ר	ם	י	ס	ק	מ	נ	ק	א	ל	ט
א	נ	ף	ס	ג	פ	ד	כ	צ	י	ע	ס	כ	ג
ף	ל	ש	ם	נ	ה	א	ט	ח	צ	ר	כ	כ	ן
צ	ס	ל	ל	ח	א	ן	ל	י	נ	ם	ל	נ	א
ה	ל	נ	צ	ס	ע	ף	ט	ק	ם	ר	מ	ש	ן
ג	פ	ח	ו	ט	ב	ע	ט	ס	ש	ע	מ	מ	ד
ת	צ	ע	ף	א	ר	ר	ל	ף	ד	ס	ח	ש	ב

אמנותי
טוב
מקסים
בטוח
סקרן
מכריע
מצחיק
יעיל
אמין

נדיב
עצמאי
צנוע
סבלני
מעשי
נקי
חכם
מועיל

57 - Professions #1

פ	ש	ב	נ	ק	א	י	ה	ף	ן	ח	ל	ע	ח
ס	ט	ח	ג	ם	ר	א	ס	ט	ר	ו	נ	ו	ם
י	ע	ת	כ	ש	י	ט	ן	ר	צ	ב	ת	צ	ן
כ	ו	ו	ש	ן	ן	מ	ו	ז	י	ק	א	י	כ
ו	ר	ט	ר	ת	ף	ד	ש	ג	ר	י	ר	י	ח
ל	ך	ת	ב	ך	ה	ע	ף	ש	ר	פ	ד	ד	ה
ו	נ	ש	ר	א	ד	ן	ג	ב	ת	ף	ו	ן	ם
ג	ס	ר	ב	ת	ו	י	ב	ג	ע	צ	ק	נ	פ
כ	ב	א	י	א	ט	ת	ן	י	פ	ה	ט	ן	ס
ף	מ	א	מ	ן	ר	ב	נ	א	א	ח	ו	ת	נ
ר	ס	ד	א	א	י	ר	ש	ו	נ	ל	ר	א	ת
ח	ק	ה	ר	ן	נ	מ	פ	ל	ב	ן	א	פ	ר
צ	ה	ד	ג	ס	ר	ע	ל	ו	ר	ן	מ	ב	ן
ת	ג	ה	ן	ר	ג	ש	ט	ג	א	ם	ה	ל	ש

שגריר	גיאולוג
אסטרונום	אחות
עורך דין	דוקטור
בנקאי	מוזיקאי
תכשיטן	פסנתרן
קרטוגרף	שרברב
צייד	כבאי
רקדן	פסיכולוג
מאמן	מדען
עורך	וטרינר

58 - Géologie

ס	י	ת	ה	ר	ד	מ	ד	צ	ם	ע	צ	ג	ם
ח	ב	ש	ג	ס	צ	מ	ע	ף	צ	ה	ג	י	ר
ש	ש	צ	ם	ע	ח	כ	ס	ר	מ	ה	מ	י	ד
ח	ת	פ	ס	ג	ו	צ	ט	ר	ה	ה	ר	ז	ד
א	ז	ו	ר	ש	מ	י	נ	ר	ל	י	ם	ר	ה
ט	ג	מ	ה	ט	צ	ת	ל	ר	ס	נ	מ	ה	ק
ס	ס	ג	כ	ד	ה	ג	ב	י	ש	י	ם	ר	ו
ד	ם	י	כ	פ	ב	א	ש	כ	ב	ה	ד	ג	ו
מ	ח	ן	ד	נ	א	ע	ח	א	ט	ש	נ	ע	ר
מ	א	ו	ב	ן	צ	ס	י	ש	מ	ג	ח	ש	ץ
נ	נ	ג	ט	צ	ם	ר	ק	א	ל	מ	ו	ג	צ
מ	ו	ת	כ	ת	פ	פ	ה	ב	ח	ב	ר	נ	צ
ם	ס	ד	ח	ב	נ	ל	ד	ן	ח	ד	ה	ן	פ
נ	ט	י	ף	ס	ע	ם	ב	ע	ה	ב	נ	ב	א

גייזר
לבה
מינרלים
אבן
רמה
קוורץ
מלח
נטיף
הר געש
אזור

חומצה
סידן
מערה
יבשת
אלמוג
שכבה
גבישים
שחיקה
מותכת
מאובן

59 - Cirque

ע	נ	ת	ח	פ	ו	ש	ת	ב	פ	ק	ס	ם	ד
מ	ו	ז	י	ק	ה	ף	ש	ן	ל	ש	ת	ש	ס
צ	ו	פ	ה	ן	ב	א	א	ק	ר	ו	ב	ט	כ
ע	ש	ס	כ	ג	ט	ת	ה	ם	ת	מ	נ	פ	ש
ד	ן	נ	ב	כ	ת	ה	ל	כ	ע	מ	מ	י	ס
א	כ	ג	ג	ת	ה	ד	ח	י	ו	ת	ר	פ	ם
ה	ג	ף	ח	נ	ג	ב	ח	מ	צ	ק	ט	י	פ
ל	ב	ם	א	ו	ה	ל	ד	ס	כ	ן	ר	ל	ס
א	ח	ח	ט	ר	י	ק	ו	ף	ה	א	נ	ה	צ
ד	פ	ל	ד	ת	י	ת	ה	ש	ה	פ	ה	ט	מ
ה	ר	ה	ר	ג	נ	ה	ר	ר	ו	ה	ל	ו	מ
ס	ח	צ	ף	ג	ב	ב	ן	ס	פ	כ	ר	ט	ה
ן	ב	ד	ם	ח	ס	ם	ר	ח	ע	ת	ם	ן	ע
פ	א	ל	ר	ה	ע	ע	ס	ן	ה	ר	ל	א	ן

אקרובט
חיות
טריק
בלונים
ממתק
ליצן
תחפושת
פיל
להטוטן

אריה
קסם
הופעה
מוזיקה
מצעד
קוף
צופה
אוהל
נמר

60 - Jardin

ד	ת	א	מ	ט	ע	ן	פ	צ	ב	צ	ס	ן	ף
נ	ב	א	ד	ט	כ	ע	ג	ן	ש	י	ל	ח	ט
ט	ר	ס	ה	מ	ע	ן	ב	ח	נ	נ	ס	ג	ד
ה	ב	ג	ט	ג	ה	מ	ג	ר	ד	ו	פ	ט	ר
ב	ו	ש	ר	ר	מ	ל	נ	ס	י	ר	ס	נ	ש
א	א	ט	מ	פ	ר	ח	נ	ל	צ	כ	ל	ל	ן
פ	א	ט	פ	ה	פ	ף	ד	ע	ץ	נ	ה	מ	ר
א	ט	ל	ו	כ	ס	ל	ט	י	ד	ש	א	ו	א
כ	ה	פ	ל	ש	ת	ד	ח	ם	ג	פ	ן	ס	ן
ע	ש	ב	י	ם	ש	ו	ט	י	ם	ד	ת	ך	ל
ר	ם	מ	נ	א	ת	ח	פ	י	ר	ה	ר	ט	ף
ס	ם	ת	ה	ף	צ	ב	ד	ד	נ	ע	ש	ב	ן
ל	ב	ף	ע	פ	מ	ח	ת	א	ל	ב	פ	ט	ח
נ	א	ף	ס	ג	ל	ט	ן	נ	ם	נ	ט	ג	ד

עץ
ספסל
בוש
גדר
בריכה
פרח
מוסך
ערסל
דשא
גן

עשבים שוטים
את חפירה
המרפסת
מגרפה
סלעים
אדמה
טרסה
טרמפולינה
צינור
גפן

61 - Barbecues

פ	י	ר	ו	ת	א	מ	ג	ל	ס	ג	ע	ד	ם
א	ר	ל	ה	ר	ה	ו	ם	ם	כ	ד	ד	נ	ע
ר	ק	ח	ד	ש	א	ז	ן	א	י	פ	ה	ם	ן
ו	ו	ח	ל	י	ח	י	מ	ף	נ	נ	ן	ג	פ
ח	ת	מ	א	ר	ם	ק	י	ץ	י	ש	ג	ח	ס
ת	ף	א	ן	א	ד	ה	ע	א	ם	פ	ע	מ	ל
צ	צ	ג	ט	ר	מ	פ	ג	ר	י	ל	ו	ש	ט
ה	ה	כ	ש	ו	ת	ר	ב	א	ע	ב	ף	פ	י
ר	ה	מ	ל	ח	ש	ו	נ	מ	א	ב	ה	ח	ם
י	פ	ת	ר	ת	ת	ט	י	ש	ב	ר	פ	ה	כ
י	ר	צ	ן	ע	פ	ב	ו	ח	ב	צ	ל	נ	ט
ם	ט	פ	נ	ר	ס	נ	ת	ק	ם	צ	פ	ט	צ
פ	ף	צ	ח	ב	נ	ם	י	ס	ט	כ	ל	ב	פ
ס	מ	ב	נ	ם	ר	ה	כ	ם	ם	ג	ף	ף	כ

משחקים
ירקות
מוזיקה
בצל
פלפל
עוף
סלטים
רוטב
מלח
עגבניות

חם
סכינים
ארוחת צהריים
ארוחת ערב
ילדים
קיץ
רעב
משפחה
פירות
גריל

62 - Anniversaire

צ	ה	ב	ש	מ	נ	ס	נ	ע	ח	מ	נ	ל	כ
ן	ע	ת	ת	ר	ת	כ	ת	ס	כ	י	ו	ל	ר
ה	ז	מ	נ	ו	ת	נ	ר	ו	ת	ו	ל	מ	ט
ם	מ	ף	ף	פ	צ	ח	ה	נ	מ	ח	ד	ו	י
ש	ן	ף	ר	מ	ב	ש	ן	ת	ה	ד	כ	ד	ס
ף	כ	י	ה	ף	ח	מ	צ	ח	ג	י	ג	ה	י
ה	מ	ו	ט	ד	ת	ה	ד	נ	ו	ף	ש	ל	ם
ש	ח	ם	ט	ש	נ	ר	ג	פ	ג	כ	נ	ם	א
צ	ב	א	צ	ה	פ	ל	ד	ש	י	ר	מ	ב	פ
מ	ר	ר	ע	ו	ג	ה	ו	מ	ל	ן	ר	ה	ן
כ	י	ף	י	מ	ה	ה	ל	ח	א	ח	ש	נ	ה
ה	ם	ש	ר	ט	ף	ף	פ	ח	ש	ש	ח	ס	ם
ת	ר	ם	ר	ד	ה	ש	ט	ר	ד	נ	נ	ה	ר
ס	צ	צ	ט	צ	ש	מ	צ	ס	ה	ס	ה	ח	ס

עוגה
שמח
הזמנות
צעיר
יום
נולד
חוכמה
מיוחד
גדול
זמן

חברים
כיף
שנה
ללמוד
נרות
מתנה
לוח שנה
כרטיסים
שיר
חגיגה

63 - Animaux de Compagnie

ר	ס	ד	נ	ע	צ	ל	מ	ב	ד	ס	ס	א	ר
צ	א	ת	כ	ז	ו	ט	ר	י	נ	ר	ב	ס	צ
ו	ט	ס	ע	נ	ו	ן	ה	ל	ם	ת	ו	כ	י
ע	פ	צ	כ	ב	א	ן	ף	ט	פ	ר	י	ם	ס
ה	ח	ן	ב	ל	ר	ד	ג	א	ד	ל	פ	ב	ה
ן	פ	ג	ר	א	ו	ג	ר	ה	ח	ת	ר	ת	מ
ח	ר	ס	צ	ר	ן	ם	ב	ח	צ	ל	ה	ט	ז
ת	ת	א	פ	צ	ת	א	נ	ת	ת	ד	ר	א	ו
ל	ת	ו	כ	ל	ב	ה	ד	ג	ג	ה	ע	א	ן
ת	א	ח	ל	א	ר	נ	ב	נ	ם	ח	ד	ס	ד
ו	ח	פ	ב	פ	מ	צ	ש	ר	צ	כ	ג	ט	ף
ל	א	ס	ל	ל	ל	ט	ן	ת	א	נ	ע	ה	ד
ש	ה	ם	ב	ת	מ	ר	מ	ח	ד	ן	ב	ל	כ
ת	ח	ש	ע	ן	צ	פ	ח	ע	פ	ד	כ	ת	ס

חתול
חתלתול
עז
כלב
כלבלב
צווארון
מים
טפרים
אוגר
רצועה

ארנב
לטאה
מזון
תוכי
דג
זנב
עכבר
צב
פרה
וטרינר

64 - Forêt Tropicale

ן	ט	ע	ט	א	ל	צ	נ	צ	ש	ף	ף	ד	ב
צ	ב	ט	ל	ק	מ	צ	ט	ד	ם	ב	ג	א	ן
כ	ע	ט	פ	ל	ג	נ	ו	ג	ש	ל	י	ד	ש
ג	ן	ו	ו	י	ג	ח	ש	ב	ג	ל	ו	ל	ד
צ	ה	ד	ב	ם	י	נ	נ	ע	י	מ	נ	ב	כ
כ	ר	נ	ף	י	ק	ן	נ	ד	ם	י	ק	ר	ח
ף	ש	ק	ם	ב	ר	ב	ח	ט	ת	נ	י	ט	ש
ר	כ	ה	ש	א	ב	ף	כ	ע	פ	י	ם	ח	ש
ם	ב	י	י	נ	ט	ו	ב	ן	ר	ם	ז	צ	ב
א	ו	ל	מ	א	ס	צ	ם	י	ר	ו	פ	י	צ
ג	ד	ה	ו	ש	ע	ד	ב	נ	ר	ה	ה	ד	נ
ף	ד	ש	ר	נ	ע	ן	ת	ו	ד	ר	ש	י	ה
ג	פ	ב	ף	כ	ת	כ	ף	כ	ט	ד	ס	ם	ת
ח	ר	א	כ	ע	ג	ד	ת	ר	ב	ר	ע	כ	ה

טחב
טבע
עננים
ציפורים
יקר
שימור
מקלט
כבוד
שחזור
הישרדות

דו-חיים
בוטני
אקלים
קהילה
גיוון
מינים
יליד
חרקים
ג'ונגל
יונקים

65 - Insectes

ל	ף	ע	ח	ל	ט	א	ש	צ	ס	ג	י	צ	ד
צ	ב	פ	פ	צ	א	ר	ג	ס	א	מ	ת	י	ן
נ	נ	ב	ד	ח	פ	ב	מ	פ	ם	ל	ו	ק	פ
ה	מ	פ	ף	ד	ח	ה	ק	י	צ	ש	ש	ד	ש
ש	ל	ס	ן	כ	י	מ	ק	ש	ט	ל	ף	ה	ע
ם	ה	ל	ג	נ	פ	ת	ז	ח	ל	מ	ט	ע	ג
ר	ם	ה	ה	י	ו	ס	ב	ג	ש	ה	ש	ע	ש
ר	פ	ר	ת	מ	ש	ה	ר	ב	נ	ו	פ	פ	ש
ה	ר	ר	ד	ה	י	צ	א	צ	ד	נ	י	ל	א
א	פ	ף	ע	ת	ת	ן	ר	ע	ג	א	ר	ח	ד
צ	ר	ד	ב	ו	ר	ה	מ	ע	א	מ	י	ף	ה
ח	ם	ח	ש	ל	ש	ח	ב	ף	ה	ד	ת	נ	ר
מ	פ	ש	ד	ע	נ	ג	ט	ב	ם	ח	ס	ה	ב
ג	ל	א	נ	ת	פ	מ	ה	ב	ט	ח	פ	ס	ט

דבורה
מקק
ציקדה
פרת משה רבנו
ארבה
נמלה
צרעה
זחל
שפירית

גמל שלמה
יתוש
פרפר
פרעוש
כנימה
חגב
חיפושית
טרמיט
תולעת

66 - Ferme #1

ת	ל	ט	ם	מ	ף	ס	ח	כ	ד	ב	ש	צ	ת
ף	א	ח	ש	ד	ה	ד	ו	ט	ב	צ	ג	ף	ה
ט	ע	ת	ס	ט	א	ע	צ	ס	ש	א	פ	א	נ
ח	פ	ו	ר	ח	כ	כ	ת	ד	ש	ן	ב	א	ב
א	ק	ל	ט	ט	פ	ג	ן	ב	ל	מ	ת	ר	ש
ת	ח	ל	ס	ס	ר	צ	נ	נ	ג	ר	א	ח	ר
ב	ת	נ	א	כ	ה	נ	ת	ח	א	ע	ו	ר	ב
ג	ש	ג	ר	ו	ד	ח	פ	ח	מ	ו	ר	ט	ל
ס	ג	צ	ח	ם	ת	צ	ע	צ	י	ף	ז	ה	ד
א	ן	ח	מ	ע	ג	ל	ס	י	ם	ח	ע	ג	ב
ע	צ	ש	ע	נ	ח	ף	ד	ר	ן	ע	ף	צ	ו
ב	י	ז	ו	ן	נ	ג	ג	נ	צ	ע	ז	כ	ר
ל	ה	ע	ט	ן	נ	ר	ת	ד	כ	ל	ב	ע	ה
ט	ה	ף	נ	ה	ף	מ	פ	כ	ר	ט	ה	ן	ס

דבורה
חקלאות
חמור
ביזון
שדה
חתול
סוס
עז
כלב
גדר

עורב
מים
דשן
חציר
דבש
עוף
אורז
צאן
פרה
עגל

67 - Escalade

ק	ס	ד	ה	ד	ס	ט	ה	ד	ר	כ	ה	ד	ר
מ	ע	ג	ף	ר	ר	א	י	א	ת	ג	ר	י	ם
ג	א	כ	כ	כ	ל	ר	ף	ו	ה	מ	ס	ת	ט
מ	ו	מ	ח	ה	ף	כ	ע	ו	ל	כ	ע	פ	ן
ס	ג	ת	א	ם	מ	ד	ר	י	כ	י	ם	נ	צ
ק	ם	פ	א	ל	פ	ד	צ	ר	ח	א	ם	ש	מ
ר	פ	ט	י	מ	ה	ש	ח	ה	כ	פ	פ	ו	ת
נ	י	ד	ש	י	צ	י	ב	ו	ת	ם	ם	כ	ע
ו	ז	ג	ם	ן	ם	ן	ה	כ	ן	פ	צ	ב	ג
ת	י	פ	צ	י	ע	ה	ש	ג	ו	צ	ט	מ	ח
ט	ח	נ	א	ן	ט	נ	ף	פ	ט	ח	ס	ה	ב
כ	ר	ע	ם	ר	ר	ש	ל	ף	ע	ה	ד	צ	ד
ג	ח	מ	ע	ר	ה	א	ר	צ	א	ב	ט	פ	א
ג	ו	ב	ה	פ	ר	ד	ה	ן	ם	ח	צ	ש	ס

צר
כוח
הדרכה
כפפות
מערה
מדריכים
פיזי
טיולים
יציבות

גובה
אווירה
פציעה
מגפיים
מפה
קסדה
סקרנות
אתגרים
מומחה

68 - École #2

ע	ד	מ	ם	י	ר	פ	ס	ה	ס	ל	ע	ס	כ
ע	א	ו	ם	י	י	ר	פ	ס	מ	י	ל	ת	ע
ש	ת	ר	צ	מ	ן	ע	ן	י	פ	ל	י	ב	ב
י	ח	ה	ש	י	כ	כ	ד	ר	נ	ב	ס	ן	נ
ע	י	ן	מ	ל	ט	ה	ו	ג	ה	י	ר	פ	ס
ו	נ	ט	ש	ו	צ	ן	ע	ט	פ	ח	ט	ט	ל
ר	ו	ח	ח	ן	ס	ש	כ	ס	א	נ	צ	א	ש
י	ך	כ	ק	ג	ה	צ	א	ק	ו	ד	ק	ד	נ
ב	ג	ש	י	ש	ג	ח	ל	מ	ט	ס	ל	א	ע
י	ג	ב	ם	ג	ה	נ	ש	ח	ו	ל	ג	ח	פ
ת	ב	ט	ף	כ	ה	י	ן	ש	ב	מ	ב	נ	ח
ת	ו	ר	פ	ס	ם	י	ב	ב	ו	ג	פ	ב	ש
ל	ם	מ	ה	א	י	ר	ק	ם	ס	ש	ד	נ	כ
צ	ס	ב	מ	צ	ג	ת	ו	י	ו	ל	י	ע	פ

כתיבה
חינוך
דקדוק
משחקים
קריאה
ספרות
ספרים
מחשב
נייר
מדע

פעילויות
למידה
ספריה
אוטובוס
לוח שנה
מספריים
עיפרון
שיעורי בית
מילון
מורה

69 - Antarctique

ט	ו	פ	ו	ג	ר	פ	י	ה	כ	ד	ל	ש	ט
א	מ	פ	ר	ץ	ן	ל	ד	נ	ת	ל	ם	י	פ
ד	ש	פ	נ	ט	ם	כ	ד	ק	מ	מ	ג	מ	ף
ט	ל	צ	ר	ג	א	ו	ג	ר	פ	י	ה	ו	ש
ס	ח	צ	ו	ט	כ	ע	צ	ח	ק	ש	ם	ר	ל
ם	ת	מ	ק	ס	ו	מ	י	נ	ר	ל	י	ם	ל
ב	נ	מ	י	ד	ט	ר	מ	צ	ח	ה	ב	ם	ו
צ	י	פ	ו	ר	י	ם	ה	נ	ו	ט	ש	ס	ו
א	י	י	ם	ח	ו	ק	ר	ג	נ	ם	ת	ב	י
כ	ס	צ	ת	נ	כ	ח	ד	כ	י	ן	נ	י	י
מ	ד	מ	ח	צ	י	ה	א	י	ם	ר	ב	ב	ת
ח	א	ד	ה	ש	פ	ף	ט	ח	ג	ד	ה	ה	נ
כ	ב	ע	ן	ף	כ	ד	ע	ש	צ	ת	ג	ח	י
נ	ם	י	ר	ש	פ	ם	ר	ת	פ	ף	פ	ס	ם

מפרץ
לווייתנים
חוקר
שימור
יבשת
מים
סביבה
משלחת
גאוגרפיה
קרח

קרחונים
איים
הגירה
מינרלים
ציפורים
חצי האי
רוקי
מדעי
טמפרטורה
טופוגרפיה

70 - Professions #2

ס	צ	ב	נ	ע	ש	מ	מ	צ	י	א	מ	ם	א
פ	י	ל	ו	ס	ו	ף	א	ת	צ	ח	ה	ע	ס
ר	י	ש	ם	ת	ג	ב	ע	י	ת	ו	נ	א	י
נ	ר	ן	ה	צ	ל	ן	ן	ר	י	ס	ד	ר	ד
י	נ	ע	נ	ח	א	ל	צ	ף	ה	ר	ס	ם	כ
ת	א	ב	י	ו	ל	ו	ג	ט	ל	צ	ט	ף	מ
ת	ע	ס	ס	ק	ז	ל	מ	כ	פ	ף	ב	ג	כ
כ	ב	ד	ט	ר	ו	פ	א	ש	י	נ	י	י	ם
ה	א	ע	י	ר	א	ם	צ	ד	א	מ	ו	ר	ה
ף	פ	ף	י	ח	ו	מ	ח	ת	ם	ד	ט	ד	פ
ת	ד	ש	ס	ג	ל	נ	ר	ו	פ	א	ג	נ	ן
פ	מ	ג	ט	פ	ו	ת	א	ב	ל	ש	נ	כ	צ
ג	כ	כ	ת	ל	ג	ח	ג	ו	ע	ת	ף	א	ן
ת	פ	ס	א	ש	ג	ר	א	ל	ט	ט	כ	ר	ר

ממציא
גנן
עיתונאי
בלשן
רופא
צייר
פילוסוף
צלם
טייס
זואולוג

אסטרונאוט
ספרנית
ביולוג
חוקר
מנתח
רופא שיניים
בלש
מורה
מאייר
מהנדס

71 - Les Abeilles

א	ה	כ	ש	צ	ד	מ	ד	ב	ש	מ	ש	ת	ר
כ	מ	ט	ף	מ	ו	ע	י	ל	ע	ל	מ	ר	כ
ב	ח	א	ג	ח	ף	ן	ן	ל	ו	כ	צ	מ	ה
ד	ר	ח	ן	י	ר	ר	ן	כ	ו	ה	ט	ל	ש
א	ד	נ	ר	ם	ו	ר	ע	ג	ה	ת	א	ח	ה
ף	ן	כ	ד	ק	מ	ו	ש	כ	נ	פ	י	י	ם
א	צ	ב	ו	ג	ע	ס	ן	ה	מ	ז	ו	ן	ף
ר	ש	נ	ת	ו	ף	ס	נ	ט	א	ב	ק	ה	ף
פ	ר	ח	י	ם	ר	ן	ח	ם	ב	פ	ף	ס	ש
ס	ף	ם	נ	ל	צ	ת	י	נ	י	ר	ל	ן	צ
כ	צ	ר	ס	כ	ה	א	ל	א	ק	י	ס	ם	ש
ל	ב	ף	ת	פ	י	ר	ו	ת	ג	ח	נ	ח	ח
ח	ג	ן	ם	ח	ד	ס	נ	פ	ף	ה	ע	ת	ס
ח	ט	ט	ר	ח	פ	ג	ש	ג	נ	ע	ת	ף	ט

גן
דבש
מזון
צמחים
אבקה
מאביק
מלכה
כוורת
שמש

כנפיים
מועיל
שעווה
גיוון
נחיל
פריחה
פרחים
פירות
עשן
חרק

72 - Dinosaures

ג	ג	ה	ד	ס	ד	מ	י	נ	י	ם	ד	ג	כ
פ	ו	ה	י	ע	ל	מ	ו	ת	א	א	ח	א	נ
ט	ד	ט	א	ל	ו	ן	ו	ן	ז	ו	ח	ל	פ
ר	ל	ח	ב	ח	פ	ת	מ	ר	ו	ש	ע	נ	י
ף	נ	פ	ו	ר	פ	ה	א	ט	ס	ע	ל	ף	י
ט	ל	ל	ל	ע	ם	ד	ו	ו	מ	ם	ש	ג	ם
ח	ש	ר	ו	צ	פ	ה	ב	ת	כ	ג	מ	ד	ה
ה	ז	ג	צ	ו	ן	ם	נ	ט	ד	ל	ש	ו	ן
ה	ל	ק	י	ם	ע	ה	י	מ	ו	צ	ע	ל	ן
ם	מ	ב	ה	כ	ם	כ	ם	ג	ר	ל	ש	ש	ד
פ	ל	פ	נ	פ	ס	ע	ן	ל	ה	ח	ה	ד	ב
ז	נ	ב	ג	ה	מ	ת	ר	ן	א	ד	כ	ט	כ
ן	ס	פ	ר	ה	י	ס	ט	ו	ר	י	ם	ט	כ
ם	ח	ם	ע	נ	ן	מ	ח	ח	ץ	ד	כ	ר	נ

כנפיים
היעלמות
מינים
עצום
אבולוציה
מאובנים
גדול
אוכל עשב
ממותה

פרהיסטורי
טרף
חזק
זנב
זוחל
גודל
כדור הארץ
מרושע

73 - Conduite

ד	ג	ב	ת	נ	ר	ן	ה	ה	מ	מ	נ	ו	ע
ת	א	ו	נ	ה	י	א	ל	ל	נ	ו	ג	ס	כ
א	ח	נ	ם	ש	ש	ו	נ	ח	ה	ס	כ	נ	ה
נ	כ	ב	י	ש	י	פ	ב	ט	ר	ך	ן	ב	ה
ה	ר	ל	ו	א	ו	נ	ה	ס	ה	ג	ז	ע	ח
ף	פ	מ	ה	ר	ן	ו	מ	ש	ט	ר	ה	כ	פ
ג	ג	י	ן	נ	ה	ע	מ	ה	י	ר	ו	ת	ח
ב	ם	ם	ה	כ	ת	ת	פ	א	ן	נ	ל	ם	ף
ב	ט	י	ח	ו	ת	נ	ה	ם	נ	א	כ	ן	ד
מ	כ	ו	נ	י	ת	פ	ו	מ	ש	א	י	ת	ן
ס	ר	ב	ף	מ	פ	ם	ס	ע	א	פ	ר	ט	ח
ד	ג	ב	ס	ף	נ	ס	ע	כ	ה	ב	ג	מ	ב
ם	ל	ת	מ	ל	ף	ן	ד	ח	ב	ף	ל	ד	א
ה	ג	ק	ם	ם	ח	ן	ח	ם	ה	ף	ש	ה	פ

אופנוע
הולכי רגל
משטרה
כביש
בטיחות
תנועה
תחבורה
מנהרה
מהירות
מכונית

תאונה
משאית
דלק
מפה
סכנה
בלמים
מוסך
גז
רישיון
מנוע

74 - Plantes

נ	ג	ן	ן	י	ע	ר	ד	נ	ע	ב	ג	כ	ף
ה	ע	ל	ת	ן	ר	מ	ש	ש	ל	ו	ן	ם	ע
ל	ץ	ה	ף	ה	ט	ר	א	ס	י	ט	ר	מ	נ
ק	ק	ט	ו	ס	ש	ו	ר	ש	כ	נ	ן	ל	ד
ב	נ	ל	פ	מ	ע	ב	מ	ג	ו	י	ם	ף	ה
נ	ח	ע	ל	ד	ו	ל	ס	צ	ת	ק	ב	ב	ם
ה	ע	ס	ד	ה	ע	ס	ס	ל	ר	ה	מ	מ	ד
נ	ש	צ	מ	ח	י	י	ה	מ	ת	א	נ	ת	ש
ה	צ	א	ט	ה	ת	ה	ד	ל	ל	נ	ן	ט	ן
ג	ן	ק	ל	ע	ל	ה	ה	ב	ט	מ	ב	ר	י
פ	ר	ח	י	ע	ָ	ל	ִ	י	ם	ח	מ	ש	נ
ס	ע	ת	ח	ס	כ	ר	ה	ש	ט	ת	ב	ו	ש
ף	ע	ס	ח	ג	ו	ב	כ	ל	ג	ד	ו	ל	פ
א	ת	נ	ף	כ	ן	ס	א	ל	ל	ל	ק	פ	צ

יער
לגדול
שעועית
דשא
גן
קיסוס
טחב
עלי כותרת
שורש
צמחייה

עץ
ברי
במבוק
בוטניקה
בוש
קקטוס
דשן
עָלִים
עלה
פרח

75 - Ferme #2

נ	ה	מ	ה	ג	ד	ף	ר	ס	ש	ט	ת	נ	א
ת	ל	ר	פ	ה	ר	ע	ח	ג	מ	ר	ג	ג	ו
ג	ם	ן	ח	ש	ח	ג	ב	ם	ז	פ	ח	א	ו
ד	כ	מ	ע	ק	ש	ת	ר	ו	ו	כ	ח	ט	ז
מ	ש	ס	ר	י	ת	ח	ו	ע	ן	ו	ק	ר	י
ה	ע	ף	ס	ה	ת	י	ו	ט	ר	ג	ד	ק	ם
ב	ו	ש	ף	ט	פ	ט	ז	ט	ג	ש	ד	ט	ת
צ	ר	ב	ל	ח	י	ה	ת	ו	י	ח	ח	ו	פ
ח	ה	ה	א	נ	ר	ל	ד	ח	ם	ס	ח	ר	ח
ט	ס	ד	מ	ת	ו	ר	כ	י	א	ט	צ	ע	מ
א	פ	ל	ה	ר	ת	ל	נ	פ	ן	פ	ר	ף	ם
ם	א	ח	ב	ו	ד	מ	ש	ס	מ	ת	פ	ר	ס
ר	ל	ט	ש	ח	ם	ס	א	ל	ם	י	ש	ב	ב
ב	צ	ת	ש	ם	ב	ב	ת	ב	ט	צ	ם	ל	ת

ירק
תירס
טחנת רוח
כבשים
מזון
אווזים
שעורה
אחו
כוורת
טרקטור

טלה
איכר
חיות
חיטה
ברווז
פירות
אסם
השקיה
חלב
לאמה

76 - École #1

א	ד	ח	ג	ג	ס	נ	ל	כ	י	ס	א	מ	ס
ר	ה	ת	ד	ד	ט	ן	ן	ע	פ	ג	ל	ח	פ
ו	צ	ב	ט	ל	ה	ת	ג	מ	ת	מ	פ	ע	ר
ח	מ	ש	ף	ד	ס	ל	ס	ח	ה	ט	ב	ט	י
ת	נ	ג	ר	ל	ם	ל	ן	ב	צ	כ	י	ף	ם
צ	ע	ת	ס	ל	מ	צ	ר	ר	נ	ת	ת	ב	ב
ה	מ	ט	פ	מ	כ	ס	ח	י	ד	ו	ן	ח	ס
ר	ל	ד	ר	ו	ת	ס	פ	ם	פ	ב	פ	י	ג
י	ף	ב	י	ד	ש	מ	ש	ר	נ	צ	ש	נ	מ
י	ח	ד	ה	נ	ו	נ	ט	ע	י	פ	ר	ו	ן
ם	צ	ד	ש	י	ב	י	ה	י	א	ם	ג	ת	כ
ה	כ	ת	פ	י	ו	ם	ר	ן	ק	ב	א	פ	י
מ	ו	ר	ה	ר	ת	ג	ל	ש	ף	ה	נ	מ	ת
ט	ג	ת	י	ק	י	ו	ת	ל	כ	ת	ו	ב	ה

אלפבית	בחינות
חברים	לכתוב
כיף	ספרים
ללמוד	סמנים
ספריה	מתמטיקה
כיסא	מספרים
עיפרון	נייר
ארוחת צהריים	חידון
תיקיות	תשובות
מורה	כיתה

77 - Vacances #2

ס	ע	ס	ט	ג	ח	פ	ח	ד	ט	פ	ן	צ	ט
ת	פ	ד	ט	ב	ת	מ	ס	ע	ד	ה	ל	ש	ט
ח	ר	ו	א	ו	ה	ל	ת	ד	פ	ז	ט	ר	ר
ב	מ	י	ע	ד	פ	ו	ר	מ	ף	מ	ר	נ	פ
ו	צ	ז	ם	כ	ת	ן	ר	כ	ט	נ	ה	ג	נ
ר	ב	ה	ק	מ	פ	י	נ	ג	ב	ו	ח	ג	א
ה	ד	ר	כ	ו	ן	ב	ש	ל	ד	ת	ו	ם	י
א	י	פ	ד	נ	ט	ש	ל	ע	ן	נ	ף	ע	ם
ן	מ	ג	ס	י	ש	ד	ה	ת	ע	ו	פ	ה	ם
ג	ר	ט	צ	ת	ט	ד	ף	כ	ה	ה	ל	ן	ט
ם	ג	ן	ע	פ	ג	ן	ט	ד	ש	ב	ל	נ	פ
ט	מ	פ	ה	ט	א	ל	כ	ד	ח	ח	ל	ט	ג
ט	ס	ת	ע	ע	ה	ת	ף	ר	ב	ש	ן	ף	ם
מ	ע	ף	ל	ס	ן	ן	ס	ם	כ	ד	ת	ם	ב

שדה תעופה
קמפינג
מפה
יעד
זר
מלון
אי
פנאי
ים
דרכון

חוף
מסעדה
הזמנות
מונית
אוהל
רכבת
תחבורה
חג
ויזה
מסע

78 - Temps

ש	ר	ע	א	ח	ן	ף	ט	ד	ר	ת	י	ש	ת
ב	ג	ן	ת	צ	א	מ	ם	ק	פ	ן	ו	ד	ר
ו	ג	מ	מ	י	ן	ע	ן	ה	ד	צ	ם	ם	צ
ע	ב	א	ו	ש	ד	ש	ע	ה	ל	י	ל	ה	א
ב	ק	ה	ל	ן	ן	ו	מ	ם	פ	ב	ו	ק	ר
ע	ר	ג	ו	מ	ד	ר	ת	ש	נ	ת	י	פ	ח
א	ו	ת	ח	ג	מ	ה	א	נ	י	מ	כ	מ	ו
ב	ב	ת	ש	ס	ם	ע	ב	ה	צ	א	ש	ל	ד
ב	ג	צ	נ	ף	ן	כ	ן	ח	ה	ש	כ	ת	ש
ש	ר	ב	ה	כ	א	ש	ל	א	ח	ר	ש	ד	ב
ת	ע	א	ב	ר	ת	י	ר	כ	ג	ר	כ	ן	ס
ע	ג	ו	ס	ש	י	ו	ם	ל	ח	ס	פ	ם	ה
ח	צ	צ	ן	ף	ע	י	ל	ג	ה	ן	ג	ל	ף
ם	פ	ע	ף	ד	ט	ח	ם	ה	מ	ס	ד	כ	מ

שנה
שנתי
לאחר
לפני
בקרוב
לוח שנה
עשור
עתיד
שעה
אתמול

שעון
יום
עכשיו
בוקר
צהריים
דקה
חודש
לילה
שבוע
מאה

79 - Maison

פ ן ר ח מ ח מ ר ע מ מ ל א ב
ד מ ט ל א ת ב ח י ט ש ר ם ס
ג ה ט ס ע ב ל ג ע א ד ש ם ד
ג ש ש ר ט ב ט ר ג ט ג א פ ף
מ ת צ צ ל ר כ ן ג א ח ב ט מ
ר ר ל צ כ ד ד ס מ נ ר ד ג מ
א ק ס ס ה ה א מ ק צ נ ם ו ע
ה י ש ט נ ע ב ת ל א ס י ג ע
ת ר ך ס ו מ ש ן ח נ ל ל פ ב
ה י ר פ ס נ כ ח ת ו צ כ א ה
ל ג ע ט ד ו ד ל נ ר ח ם ש ם
ג צ ן ף ל ר ת ו ח ת פ מ מ ף
ש ע א ד ת ה ת ן ע מ א ש ן צ
ן ג ג ת י י ל ע ה ר ק ת ל ף

מטאטא
ספריה
חדר
אח
מפתחות
גדר
מטבח
מקלחת
חלון
מוסך

עליית גג
גן
מנורה
מראה
קיר
תקרה
דלת
וילונות
שטיח
גג

80 - Légumes

ל	א	א	מ	ם	ג	ה	ב	ג	ע	נ	ז	א	ג
נ	פ	ס	ל	ט	ע	ח	ל	א	ת	מ	י	ם	ב
ב	ו	ת	פ	ט	ר	י	י	ה	ג	ר	ת	נ	נ
ל	נ	צ	פ	ף	ד	ה	א	ל	ס	ח	ד	ד	ע
ב	ה	ן	ו	ר	צ	ח	ר	ד	ל	ע	ת	נ	ג
ט	ח	ל	ן	ל	ג	ח	ט	כ	ר	ף	ג	ח	ן
צ	ל	פ	ט	ר	ו	ז	י	ל	י	ה	א	ס	ש
נ	ל	נ	נ	ת	ד	כ	ש	ה	ר	ס	ג	ב	ו
ו	ש	ח	ב	נ	ב	ר	ו	ק	ו	ל	י	ז	ם
ן	ב	צ	ל	ר	נ	ר	ק	ג	ט	ב	נ	ר	ר
ל	נ	י	ע	ג	ב	נ	י	י	ה	מ	ג	ת	ב
ש	א	ל	ו	ת	א	ר	פ	מ	ן	ה	ר	כ	ע
מ	ט	א	ע	ח	ע	ט	ס	ה	ט	מ	כ	ה	ה
ת	ח	פ	ר	ב	מ	ל	ן	ס	ע	ל	נ	ל	ל

תרד
ג'ינג'ר
לפת
בצל
זית
פטרוזיליה
אפונה
צנון
סלט
עגבנייה

שום
ארטישוק
חציל
ברוקולי
גזר
סלרי
פטרייה
דלעת
מלפפון
שאלות

81 - Plage

ם	א	א	ס	ח	כ	ן	כ	ם	ב	ש	ב	ס	ת
ש	ס	ה	ה	ח	ח	ס	כ	ח	ו	ל	ם	ל	ת
מ	מ	ת	ס	ע	ם	א	פ	ל	ע	ל	א	ג	ם
פ	ג	ז	י	ם	ל	מ	ה	ש	כ	ג	נ	ו	נ
ן	ב	ג	ר	ה	ה	ש	ו	נ	י	ת	ה	נ	א
ם	ת	ג	ה	ס	ה	פ	ח	ו	פ	ש	ה	ה	ס
ע	ג	ן	ח	ף	נ	ע	ו	ו	פ	ש	מ	ש	ג
מ	ן	ד	י	ם	צ	ד	ף	נ	ת	כ	ט	ש	ס
א	כ	מ	ף	מ	נ	ס	ל	ל	ר	ה	ר	מ	ת
א	ו	ק	י	י	נ	ו	ס	י	א	ר	י	פ	ן
צ	ן	ח	ף	ת	ש	ל	ת	א	ם	י	ה	ר	כ
ח	ש	ת	ל	ר	ן	ן	ה	פ	נ	ן	ד	ש	ב
ו	ב	נ	ן	ע	ל	ל	ט	נ	ד	ב	ח	י	ד
ל	ה	ף	ב	ס	ס	ר	ט	ן	ע	ס	א	ת	ם

אוקיינוס
מטריה
שונית
חול
סנדלים
מגבת
שמש
חופשה
מפרשית

סירה
כחול
פגזים
חוף
סרטן
עגן
אי
לגונה
ים
לשחות

82 - Famille

ס	א	ל	ט	א	י	ה	ב	א	פ	א	ש	ר	ג
ד	ן	ת	י	ח	ל	ת	ע	ח	ר	ב	ע	ש	ב
ן	ף	מ	כ	ו	ד	ל	ל	ט	פ	ק	א	ט	א
ט	א	ש	ש	ת	ד	ב	ד	ד	ו	ד	ש	ל	ה
כ	ם	ב	נ	ש	ת	ג	ט	ס	צ	מ	ה	ש	א
ח	ן	ן	כ	מ	מ	ב	א	ל	ה	ו	ב	ן	ה
צ	ה	ד	ת	י	נ	י	י	ח	א	ן	ת	ט	ב
ף	ר	ו	א	ג	כ	ד	ה	ד	ו	ד	י	ח	ח
א	ד	ד	ח	א	ש	ת	ט	צ	ר	ל	ד	ס	ג
ג	פ	ם	י	ד	ל	י	ל	פ	ד	פ	פ	ש	פ
ב	כ	פ	י	ה	מ	י	א	ו	ל	צ	פ	ל	ר
ה	ה	ל	ן	ר	ט	א	ת	ב	ס	פ	ס	כ	ם
פ	ע	ג	ס	ע	א	ע	א	ב	א	ב	ע	ד	ד
א	פ	ג	צ	ף	פ	א	א	ח	א	ש	צ	צ	ט

אב קדמון
בן דוד
ילדות
ילד
ילדים
אשה
בת
אח
סבתא
סבא

בעל
אימהי
אימא
אחיין
אחיינית
דוד
אבהי
אבא
אחות
דודה

83 - Oiseaux

ת	ס	ר	נ	ש	ר	ח	ק	ד	י	ב	ל	כ	פ
ד	ף	ם	כ	כ	ח	ת	ו	ת	ע	ס	מ	ן	ע
ע	א	כ	ר	ם	ה	ף	ק	א	ן	ב	ה	ג	א
ת	ו	כ	י	ס	ר	פ	י	נ	ג	ו	ו	י	ן
ב	ו	ר	ן	ת	ש	ח	י	ח	ס	ה	ל	ת	ע
פ	ז	ח	ב	ב	ט	ם	ה	ב	ר	ב	ו	ר	ו
ת	ר	ס	ל	ל	ו	ס	פ	ר	א	ן	ד	ם	ף
ר	ב	י	צ	ה	ק	ד	ל	ו	ט	ת	ב	ת	ח
כ	ט	ד	ע	ל	א	מ	מ	ו	פ	ף	ט	ר	ס
ד	כ	ה	ר	פ	ן	ט	י	ז	ש	א	ו	ס	כ
א	פ	נ	ע	ו	י	ו	נ	ה	ט	נ	ו	ג	ה
ף	ל	ט	נ	ה	ר	ש	ג	צ	א	פ	ס	ן	ן
ט	ח	ר	ב	צ	א	ל	ו	ה	ט	ה	נ	ר	ף
ש	ק	נ	א	י	ן	ן	ע	א	ע	ר	ת	ם	ע

דרור
שחף
ביצה
אווז
טווס
תוכי
שקנאי
יונה
עוף
טוקאן

נשר
יען
ברווז
חסידה
עורב
קוקייה
ברבור
פלמינגו
אנפה
פינגווין

84 - Disciplines Scientifiques

ב	צ	ר	פ	ה	י	ג	ו	ל	ו	ר	י	ו	נ
י	מ	צ	ג	ם	ר	ה	י	מ	י	כ	ו	י	ב
ו	ט	ה	י	ג	ו	ל	ו	י	צ	ו	ס	ל	ס
ל	א	א	כ	ת	ל	ב	ח	ף	ב	ע	ש	ד	נ
ו	ו	ר	ס	ח	כ	ע	ב	ד	ף	נ	נ	א	נ
ג	ר	כ	פ	ה	י	ג	ו	ל	ו	כ	י	ס	פ
י	ו	א	מ	א	מ	ט	ט	ת	ס	נ	ח	ט	ש
ה	ל	ו	ה	ק	י	מ	נ	י	ד	ו	מ	ר	ת
ן	ו	ל	ה	ו	ה	ק	י	נ	כ	מ	נ	ו	צ
ח	ג	ו	מ	ל	פ	ד	ק	ט	צ	נ	ל	נ	ה
ה	י	ג	ע	ו	ל	ד	ה	ט	פ	ם	ד	ו	ג
ג	ה	י	א	ג	ה	י	מ	ו	ט	נ	א	מ	ל
ח	א	ה	מ	י	ה	י	ג	ו	ל	ו	א	י	ג
פ	ם	מ	מ	ה	ן	ל	צ	ט	ה	ח	מ	ה	ם

אנטומיה
ארכאולוגיה
אסטרונומיה
ביוכימיה
ביולוגיה
בוטניקה
כימיה
אקולוגיה
גיאולוגיה
בלשנות
מכניקה
מטאורולוגיה
נוירולוגיה
פסיכולוגיה
סוציולוגיה
תרמודינמיקה

85 - Émotions

ח	ב	ט	א	ה	ב	ה	ל	כ	ע	ס	ע	ח	ע
ל	כ	ר	ט	ג	נ	ח	א	ה	ד	ה	צ	צ	ם
ש	ע	מ	ו	ם	ב	ח	ס	מ	ה	א	ב	ר	ע
ל	ל	ע	ף	ס	ו	ש	י	ד	ר	ב	ש	ג	מ
ו	ם	ו	ם	א	ך	נ	ר	ג	ש	ו	ל	ו	ש
ם	ג	ג	ו	ם	ט	א	ת	ו	כ	ן	צ	ע	מ
ף	נ	ר	ג	ה	ר	ב	ו	נ	ף	צ	ל	ה	ח
ף	ר	ל	צ	ב	ו	ס	ד	ש	ל	ה	ף	ש	ה
ל	כ	ם	ר	ש	ך	א	ה	ב	ח	פ	ת	ע	ל
ד	ר	ם	ה	ע	ת	ל	פ	ח	ד	צ	ף	פ	א
ף	נ	ע	צ	ט	ש	ד	ת	מ	ס	ם	מ	ג	כ
ד	פ	ן	כ	ג	ר	צ	ע	ף	ב	מ	ש	א	נ
א	ד	ף	נ	ת	ש	ל	ה	ע	ן	ל	כ	ש	ת
ע	כ	ב	ת	א	ר	ע	ת	ס	ע	א	ח	ד	ח

אהבה
רגוע
כעס
תוכן
נבוך
שעמום
נרגש
חסד
שמחה

שלום
פחד
אסיר תודה
מרוצה
הפתעה
אהדה
רוך
שלווה
עצב

86 - Géographie

ע	ה	ר	ת	כ	י	ט	ן	ב	ק	ה	ה	ם	פ
ו	מ	מ	ף	ב	ש	ב	צ	מ	ו	ב	א	א	א
ל	י	ת	א	ר	ט	צ	ש	ה	ר	ף	ב	ת	ר
ם	ס	ב	ש	ד	ש	י	ם	ת	ו	צ	ר	ח	נ
ף	פ	פ	ג	ב	ם	ש	ד	ף	ח	ת	פ	ב	ם
ג	ר	ן	ש	ט	ח	ם	ד	ט	ב	פ	מ	ו	ל
ו	ה	ג	ס	ט	ן	א	ט	ל	ס	ף	א	ט	ן
ב	ע	י	ר	מ	ר	י	ד	י	א	ן	ו	פ	נ
ה	מ	ע	ן	ע	מ	א	ח	ר	ז	ש	ק	ב	ה
ש	נ	ב	ל	ר	ד	ד	ן	ש	ו	ב	י	ר	ר
ח	ס	ג	ת	ב	י	ר	א	ט	ר	ת	י	ד	ר
ב	פ	ט	א	מ	נ	ע	ו	ד	ס	א	נ	כ	צ
מ	פ	ה	ד	כ	ה	ש	ל	ם	צ	ל	ו	נ	ס
ב	ח	ר	ן	ף	ה	ע	ע	א	צ	ן	ס	נ	ד

גובה
אטלס
מפה
יבשת
נהר
המיספרה
אי
קו רוחב
ים
מרידיאן

עולם
הר
צפון
אוקיינוס
מערב
מדינה
אזור
דרום
שטח
עיר

87 - Danse

ש	נ	ט	ד	ן	ע	ר	צ	ס	ן	כ	ר	ד	כ
ן	ג	צ	ן	ר	ג	ת	ת	א	ל	ו	ח	ל	א
מ	ם	ת	ד	ת	נ	ר	ת	ף	כ	ר	צ	א	א
ש	ס	ש	נ	מ	ש	כ	ר	מ	ג	י	ל	ד	ה
ח	נ	כ	מ	ו	ף	ד	ב	ד	ף	א	ג	ל	ת
מ	ל	ה	ג	ח	ע	ס	ו	ח	נ	ו	ן	כ	פ
ב	ת	ז	ו	ג	א	ה	ת	ד	ף	ג	ס	צ	ר
י	ת	א	ל	ו	ק	ש	מ	ם	נ	ר	צ	ד	ש
ע	פ	ש	ה	ף	ד	פ	ו	ת	ן	פ	ט	ף	ת
ח	ז	ר	ה	ם	מ	ח	ז	ו	ת	י	ג	ר	מ
ש	ר	ג	ב	נ	י	צ	י	ב	ה	ה	כ	ט	ע
ף	ה	ש	ן	א	ה	ת	ק	ל	ַ	א	ס	ִ	י
מ	ס	ו	ר	ת	י	צ	ה	צ	ע	א	ה	ח	ס
א	מ	נ	ו	ת	ר	ש	צ	נ	ב	נ	נ	מ	ד

אקדמיה
אמנות
כוריאוגרפיה
קלַאסִי
גוף
תרבות
מביע
רגש
שמח

תנועה
מוזיקה
בת זוג
יציבה
חזרה
קצב
מסורתי
חזותי

88 - Bâtiments

צ	מ	ר	ם	ע	ג	ע	מ	ש	ע	ר	ב	א	ף
ם	א	ס	ם	נ	ל	ם	ו	ג	ה	מ	צ	פ	ה
ט	ן	ן	נ	כ	ט	ע	ס	ר	ם	ף	ב	ח	מ
מ	ו	ז	י	א	ו	ן	ך	י	ל	פ	כ	נ	פ
ט	ח	צ	ח	פ	ס	ו	פ	ר	מ	ר	ק	ט	ע
ב	י	מ	ע	ב	ד	ה	ר	ו	כ	ף	ס	נ	ל
ד	י	ר	ה	ב	ם	פ	ב	ת	ח	ל	ג	ה	ה
א	ם	ת	ה	א	ו	נ	י	ב	ר	ס	י	ט	ה
צ	ן	י	ח	ש	ג	ן	ת	ת	ב	ח	ע	ל	ם
ט	ם	א	ת	ו	ם	ף	ס	ע	א	ס	ח	ט	ת
ד	פ	ט	מ	ן	ל	ת	פ	צ	ו	מ	ל	ו	ן
י	צ	ר	כ	ר	צ	י	ר	ט	ה	ג	ה	ד	ם
ו	כ	ו	מ	ה	נ	ב	ם	ף	ל	ד	ב	ס	פ
ן	ף	ן	ק	ו	ל	נ	ו	ע	נ	ל	צ	נ	ם

שגרירות
דירה
תא
טירה
קולנוע
בית ספר
מוסך
אסם
בית חולים
מלון

מעבדה
מוזיאון
המצפה
אצטדיון
סופרמרקט
אוהל
תיאטרון
מגדל
אוניברסיטה
מפעל

89 - Pêche

ח	ח	ב	נ	ג	ם	ן	כ	ס	י	ר	ה	ש	ר
א	פ	פ	מ	ג	ם	ש	ט	ב	א	מ	ט	צ	ת
א	ג	ם	ם	ט	ה	מ	ט	ל	א	צ	ח	א	ח
ן	צ	א	צ	ח	ל	צ	ם	נ	ה	ר	ג	ו	ו
ה	י	כ	ם	נ	ן	ס	ע	ו	נ	ה	ג	ק	ף
כ	ו	ג	ב	ס	ה	פ	ת	ת	ל	ש	ע	י	א
פ	ד	ם	ט	ל	מ	ש	ק	ל	כ	נ	א	י	ב
א	ף	פ	י	ת	י	ו	ן	פ	ן	ם	ם	נ	ד
ה	ג	ז	מ	ה	ם	ת	ש	א	ף	ח	ג	ו	ה
ף	כ	ד	ז	י	מ	י	ם	ל	צ	ו	ת	ס	כ
א	ט	ן	ר	מ	ש	נ	ה	ל	ס	ט	ג	א	צ
כ	פ	ן	מ	ף	ח	צ	ן	ן	צ	ש	ת	ג	ם
כ	ד	ת	ח	ם	ע	ף	א	ח	נ	ם	כ	ל	ה
ל	פ	ן	ת	ד	א	ס	ב	ט	ג	ל	מ	ר	ן

פיתיון
סירה
זימים
וו
מים
הגזמה
ציוד
חוט
נהר

אגם
לסת
אוקיינוס
סל
סבלנות
חוף
משקל
עונה

90 - Activités et Loisirs

ג	ט	א	ג	מ	ס	ם	א	מ	נ	ו	ת	ס	ל
ו	ל	נ	ה	פ	ב	ש	ח	י	י	ה	ר	צ	ט
ל	מ	י	י	ק	מ	פ	י	נ	ג	א	כ	ש	י
ף	צ	מ	ש	ס	ב	צ	ח	א	ס	ר	ד	ם	ו
צ	פ	ה	פ	ה	ג	ל	ן	ד	ב	צ	ו	א	ל
צ	כ	ם	ם	ר	ד	צ	ל	י	ל	ה	ר	ף	י
ב	י	י	ס	ב	ו	ל	ד	ג	ם	נ	ע	ם	ם
ף	ת	ם	מ	ד	ר	ף	ד	א	ג	ס	ף	ם	ט
ם	ח	כ	ש	ט	ד	מ	ח	ר	י	י	ס	מ	ג
צ	ב	ד	כ	ד	ו	ר	ג	ל	נ	ע	צ	י	ג
צ	י	ו	ר	ג	פ	ג	ד	ה	ו	ו	ר	ר	ב
ב	ב	ר	ל	צ	ר	י	נ	ב	ן	ת	ן	ו	ס
ף	י	ס	ח	כ	ע	ע	פ	ן	ח	פ	ל	ץ	ת
ס	ם	ל	ע	ף	ע	ר	כ	נ	ן	ס	ה	ם	ם

תחביבים
ציור
דיג
צלילה
טיולים
מרגיע
גלישה
טניס
כדורעף
נסיעות

אמנות
בייסבול
כדורסל
איגרוף
קמפינג
מירוץ
כדורגל
גולף
גינון
שחייה

91 - Livres

ס	ג	ט	מ	ח	ב	ר	ו	מ	ן	א	ר	ה	ת
א	פ	ה	ב	כ	ן	ס	ל	ם	ל	ו	פ	ג	ד
ד	ת	ר	ט	ף	ת	ן	ט	ו	מ	ס	ס	י	ש
ה	ו	מ	ו	ר	י	ס	ט	י	ו	ף	ה	פ	ב
ה	ק	ש	ר	ת	ה	ג	ר	ת	ס	נ	א	ר	ג
ש	י	ר	ה	ט	י	ף	ג	ט	י	ש	ט	כ	פ
ת	ח	ה	ג	ע	ס	ת	י	ת	פ	ה	נ	י	ד
ש	כ	ס	ם	ה	ט	ד	ד	ק	ו	ר	א	פ	ד
ש	א	ט	ן	ר	ו	ה	א	ר	ר	ש	ח	ר	נ
כ	ה	ר	ר	פ	ר	ן	ב	י	ם	י	ן	צ	ד
ס	ד	ר	ה	ת	י	ג	א	י	ת	ר	ן	ת	ת
כ	ר	ט	נ	ק	ט	צ	ן	ן	ה	מ	צ	א	ה
ן	ה	ד	ף	ה	מ	ת	ם	ג	ן	ת	ן	ב	צ
ד	ו	א	ל	י	ו	ת	ם	פ	ב	מ	ס	ד	מ

מחבר
הרפתקה
אוסף
הקשר
דואליות
אפי
סיפור
היסטורי
הומוריסטי
המצאה

קורא
ספרותית
קריין
דף
רלוונטי
שיר
שירה
רומן
סדרה
טרגי

92 - Pays #2

ד	ל	צ	ל	צ	ה	ל	ב	נ	ו	ן	ר	נ	ר
כ	נ	ס	ש	ם	נ	א	י	ר	ל	נ	ד	ג	ב
ר	פ	מ	ט	ם	א	ו	ג	נ	ד	ה	נ	ט	כ
פ	ת	צ	ר	ס	ב	ס	נ	ח	א	פ	צ	ה	כ
ה	ק	ן	פ	ק	נ	י	ה	ת	י	ף	ט	ס	ת
ג	מ	י	י	ק	ה	א	ל	ב	נ	י	ה	ו	ה
א	ר	ו	ס	י	ה	פ	ט	ף	ד	ש	א	מ	א
ו	א	פ	ו	ט	ח	ד	ד	ט	ו	ח	מ	ל	י
ק	כ	כ	ר	ף	ן	א	ש	ם	נ	ג	ק	י	ט
ר	ף	כ	י	צ	ר	פ	ת	י	ז	ל	ס	ה	י
א	ש	ג	ה	ח	כ	ע	נ	פ	י	ד	י	י	ג
י	ט	ר	נ	ח	ח	כ	צ	ן	ה	ב	ק	ן	ן
נ	ה	צ	נ	ם	ל	נ	ת	ס	פ	ס	ו	ד	ן
ה	א	נ	ה	כ	ם	ט	ם	ב	ת	ח	ב	ב	ר

אלבניה
סין
דנמרק
צרפת
האיטי
אינדונזיה
אירלנד
ג'מייקה
יפן
קניה
לאוס
לבנון
מקסיקו
אוגנדה
פקיסטן
רוסיה
סומליה
סודן
סוריה
אוקראינה

93 - Fournitures d'Art

י	צ	י	ר	ת	י	ו	ת	פ	ח	ם	ש	ה	ל
צ	ב	ע	י	ם	ן	ט	כ	מ	ס	א	מ	ע	ס
נ	ע	נ	י	י	ר	ב	ן	ט	ב	ט	ן	נ	א
כ	י	ס	א	ל	ב	ל	צ	ל	ר	ר	ל	ד	ח
ג	מ	מ	צ	ל	מ	ה	י	ל	ע	ם	ש	י	ת
נ	י	ת	צ	ם	ג	ש	ו	ט	י	כ	ן	ו	ם
נ	ם	ד	ר	פ	ל	מ	ר	ד	ו	ב	ר	ן	ת
ל	ר	כ	א	ל	ף	כ	ח	ב	נ	ג	ר	צ	מ
נ	כ	ת	מ	ט	ל	ע	ר	ק	ו	ף	ס	ט	י
ן	צ	ת	ח	ד	ת	פ	ס	מ	ת	ס	א	ף	ם
ף	ן	ס	מ	ט	מ	ן	ל	ת	ג	ר	ף	ן	כ
פ	ד	ע	ע	פ	ר	ו	נ	ו	ת	ט	נ	ב	ת
ע	ש	פ	נ	ת	צ	ס	ף	ף	נ	ה	ס	ס	ג
ן	ג	ף	פ	ס	ר	א	ק	ר	י	ל	י	ק	צ

אקריליק
צבעי מים
חרס
מברשות
מצלמה
כיסא
פחם
כן ציור
דבק
צבעים

עפרונות
יצירתיות
מים
דיו
מחק
שמן
רעיונות
נייר
פסטלים
טבלה

94 - Jouets

ן	מ	ר	צ	ד	ש	ח	מ	ט	ה	ף	ג	ב	ב
ר	כ	א	ת	ב	מ	ח	ח	ם	ס	א	ה	ו	ב
ר	ו	ב	ו	ט	ע	י	ה	ד	פ	ח	ל	ב	ן
ב	נ	ף	ס	מ	כ	י	ו	א	ה	מ	ע	ה	צ
ס	י	ד	ע	ש	ד	כ	ם	ן	ל	ס	פ	ם	ט
ס	ת	פ	א	א	ו	פ	נ	י	י	ם	י	ר	כ
מ	ט	ו	ס	י	ר	ה	ף	פ	ה	כ	פ	ר	ש
ל	ש	ם	ל	ת	כ	נ	ר	ת	ת	ס	ו	ד	ף
א	צ	ח	ס	ו	ב	ס	פ	ט	א	פ	ן	ט	ר
ב	ם	ר	ק	פ	ת	ס	פ	ר	י	ם	כ	ט	פ
ת	ל	ס	ד	י	ב	ש	ג	ש	ט	ב	ד	ר	ע
י	ט	ד	ן	ם	ם	ח	מ	ב	ג	מ	ג	ם	ב
ד	פ	ת	ה	ש	פ	ף	מ	ע	צ	צ	ט	ח	ף
ם	צ	ש	ס	ג	ט	ע	נ	כ	ט	מ	נ	ן	ר

משחקים
ספרים
צבעים
בובה
רובוט
תופים
רכבת
אופניים
מכונית

חרס
מלאכת יד
מטוס
כדור
סירה
משאית
עפיפון
שחמט
אהוב
דמיון

95 - Eau

ה	ב	ד	ד	ה	ח	כ	ע	ה	ע	ש	א	ש	ף
ם	ש	מ	ש	ת	פ	ק	ן	פ	ח	ל	ד	א	ג
כ	ם	ק	ט	ו	ש	ר	ז	י	י	ג	א	ר	ל
ת	י	ל	ר	ס	ד	ח	כ	צ	ע	ש	ט	ף	י
ה	ר	ח	ר	ן	ח	ר	ג	ף	ח	ם	ע	ש	ם
ד	ף	ת	ע	ל	ס	ו	נ	י	י	ק	ו	א	ר
ח	ע	ף	ב	מ	ד	מ	ח	כ	ם	ס	ר	ה	ב
ע	מ	ס	ן	ה	כ	ו	צ	נ	ע	פ	פ	צ	ף
ח	ת	ה	ת	מ	פ	נ	ה	ד	ה	מ	ל	ח	נ
ג	ר	ע	א	כ	ב	ס	ח	ת	ה	ל	ע	ת	ה
ם	כ	ע	ל	ט	פ	ו	ר	ר	ח	ד	ן	פ	ר
ר	ט	ר	ד	ס	ח	ן	י	ו	ד	י	א	ח	כ
ף	פ	ב	ח	ס	ר	ס	ת	ה	צ	ה	ג	ע	ד
צ	ד	ס	ן	ק	י	ר	ו	ה	פ	ב	ם	ד	ח

השקיה
אגם
מונסון
שלג
אוקיינוס
הוריקן
גשם
גלים

התעלה
מקלחת
אידוי
נהר
כפור
גייזר
קרח
לח
לחות

96 - Paysages

ת	ש	א	ו	ק	י	י	נ	ו	ס	ע	ט	ה	ד
פ	פ	י	ו	ב	י	צ	ה	ת	ש	ר	ו	ה	ד
ל	ך	ד	כ	א	ס	ם	ה	נ	ה	ר	נ	פ	ן
ג	י	י	ז	ר	ז	ע	צ	ר	ר	ל	ד	פ	ג
פ	מ	ר	ר	ג	פ	י	ח	ד	ג	ע	ר	ע	מ
צ	ע	מ	ק	ם	פ	ד	ס	פ	ע	ם	ה	ר	נ
מ	פ	ס	ל	ר	א	ל	נ	צ	ש	ד	פ	צ	כ
ס	פ	ת	ת	ג	ח	ו	ף	ח	ס	ש	ם	צ	כ
י	ם	ע	ר	ב	א	ו	ם	צ	כ	ג	מ	ם	ד
ט	א	ם	פ	ע	ג	צ	ן	ת	א	מ	פ	צ	ס
ר	ן	ד	ע	ה	ם	ר	ר	ת	ת	כ	ל	ס	ס
מ	ע	ר	ה	ח	צ	י	ה	א	י	ת	ע	ח	ה
ם	מ	ד	ב	ר	ף	ד	א	ש	ש	ף	ל	ף	נ
ה	ק	צ	צ	מ	ף	ם	ה	פ	ם	ר	ל	ב	פ

מפל
גבעה
מדבר
שפך
נהר
גייזר
מערה
קרחון
אי
אגם

ביצה
ים
הר
אואזיס
אוקיינוס
חצי האי
חוף
טונדרה
עמק
הר געש

97 - Nombres

ע	ה	ן	ח	ח	מ	ש	ב	ע	ש	ר	י	ם	ש
א	א	ב	ף	ע	מ	ת	נ	ה	ח	ל	נ	ע	מ
פ	ר	ד	ד	נ	כ	י	ש	י	ן	פ	ן	ד	ו
ס	ח	מ	ר	ט	ף	י	ע	ט	ם	ס	ה	ל	נ
צ	מ	ח	ה	צ	ע	ם	ד	ת	ש	ע	ת	ה	ה
מ	י	א	ר	ב	ע	צ	ת	ן	ל	ש	ש	ף	ע
ע	ש	ר	ו	נ	י	ן	א	ר	ו	ר	ל	ר	ש
ן	ה	ש	ב	ע	ע	ש	ר	ה	ש	ס	ו	ת	ר
ע	ע	כ	ע	כ	ה	פ	ב	ם	ע	מ	ש	ת	ה
ת	ש	ע	ע	ש	ר	ה	ע	ל	ש	ל	ו	פ	ף
א	ר	ד	נ	ף	ר	ה	ה	א	ר	ב	ן	נ	כ
ם	ג	מ	כ	מ	ד	ה	ע	ט	ה	נ	ח	א	ה
מ	ת	ש	ט	ס	ח	א	ש	ש	ן	ח	ח	א	ע
ה	מ	ר	ח	כ	ף	ג	ר	ב	צ	ת	ם	ה	מ

חמש
שתיים
עשרוני
עשר
שמונה עשר
תשע עשרה
שבע עשרה
שנים עשר
שמונה
תשע

ארבעה עשר
ארבע
חמישה עשר
שש עשרה
שבע
שש
שלוש עשרה
שלוש
עשרים
אפס

98 - Nature

ן	ן	צ	ד	צ	ח	מ	מ	ד	ם	מ	ס	ף	ל
ת	ד	ר	י	ע	ר	ל	ק	צ	ם	ד	ש	ע	ד
ל	ל	ס	מ	ר	ל	ש	ר	ל	צ	ב	ח	א	ת
ט	פ	ט	ל	פ	צ	ב	ח	ע	ט	ר	י	צ	ט
א	ד	פ	ת	ל	ה	צ	ו	ד	ב	ף	ק	א	ף
א	ר	כ	ה	ח	ר	ע	ן	ה	א	ח	ה	ס	ח
ה	מ	ק	ט	ט	ה	י	נ	ר	ב	צ	מ	ף	ג
ש	ג	נ	ט	פ	ת	ו	ה	י	ע	ר	ם	נ	ג
ד	ב	ו	ר	י	ם	פ	ר	ם	נ	ת	ת	ח	פ
י	ס	ף	ו	ח	ר	י	ח	י	ו	נ	י	י	ר
נ	ה	א	פ	ש	ל	ו	ו	ה	ע	ה	ג	ו	א
מ	ת	ת	י	ה	ל	ע	ָ	ל	.	י	ם	ת	י
י	ר	מ	ר	פ	ב	י	ן	ן	פ	ל	ר	ל	מ
ר	כ	נ	ם	ן	ה	ש	ו	ע	נ	נ	י	ם	ר

יער
קרחון
הרים
עננים
שליו
מקלט
פראי
שלווה
טרופי
חיוני

דבורים
חיות
ארקטי
יופי
ערפל
מדבר
דינמי
שחיקה
עָלים
נהר

99 - Bateaux

ע	א	ם	ג	צ	ב	ם	נ	ס	ש	ן	ף	כ	ת
ט	ם	ף	ל	ח	ש	מ	ה	נ	ם	ד	צ	ם	ן
מ	מ	ם	י	ת	י	ש	ר	פ	מ	ן	ת	צ	פ
ט	ג	ד	ם	ו	ן	ג	ו	ע	נ	ש	ח	ל	מ
ד	צ	ג	מ	ר	ב	ל	ב	כ	ו	ת	ם	מ	ר
ן	ח	א	א	ן	ד	ו	ף	ס	ע	ש	ל	ש	א
ק	ם	ו	ו	ן	ר	ם	ת	א	ט	מ	מ	ם	מ
א	ל	ת	ק	ת	פ	ש	ג	י	מ	י	ם	ב	צ
נ	ג	י	י	ף	ס	ם	ט	ת	ו	ו	צ	ב	ו
ו	א	א	י	ל	ו	א	ם	ע	ט	ד	צ	ש	ף
ק	נ	כ	נ	ס	ד	ש	ן	ה	ל	ב	ח	ר	ת
א	ן	ט	ו	א	ה	כ	א	ת	ד	ש	ט	ף	ח
צ	פ	ה	ס	ל	ג	נ	ת	צ	ד	א	מ	כ	ף
ל	ל	ב	ה	ע	ל	פ	ג	צ	ח	ע	ט	פ	ם

מלח
תורן
ים
מנוע
ימי
אוקיינוס
רפסודה
גלים
מפרשית
יאכטה

עוגן
מצוף
קאנו
חבל
צוות
מעבורת
נהר
קיאק
אגם
גאות

100 - Mesures

ש	צ	ד	מ	ע	פ	מ	ס	ה	ן	ה	פ	א	א
ר	א	פ	ס	ש	ב	פ	מ	ל	ג	ש	ש	ן	ר
ג	ו	ב	ה	ר	ו	ח	ב	י	ת	פ	ג	א	ב
ט	ר	נ	ת	ו	א	ר	ס	נ	פ	ח	צ	ד	ר
ש	ך	ם	ף	נ	י	נ	נ	ן	ט	ף	ט	ס	ב
ח	כ	כ	ע	י	נ	ם	ט	ו	ן	ש	ת	ח	ט
א	א	ש	ם	ם	ץ	ף	י	צ	א	כ	ן	ט	ף
ח	ו	א	ש	כ	ל	ס	מ	ט	ר	ר	ן	ת	מ
נ	ר	נ	ד	ה	ם	ף	ט	ש	מ	צ	ב	ש	ס
ן	ל	כ	ק	ה	ב	ח	ר	ב	ק	ף	א	נ	נ
נ	פ	ב	ה	י	ג	ת	ב	פ	ף	ל	ט	ל	מ
א	א	ד	מ	מ	י	ג	ף	ע	ו	מ	ק	י	ף
ש	ח	ש	ל	ב	נ	ת	כ	ף	ת	ד	א	ט	ף
ק	י	ל	ו	מ	ט	ר	ק	י	ל	ו	ג	ר	ם

מסה
מטר
דקה
בית
אונקיית
משקל
אינץ
עומק
טון
נפח

סנטימטר
תואר
עשרוני
גרם
גובה
קילוגרם
קילומטר
רוחב
ליטר
אורך

1 - Été

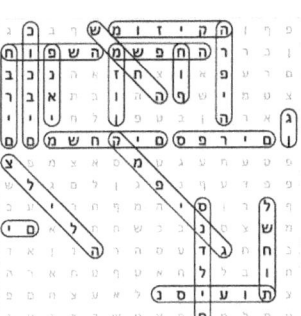

2 - Adjectifs #2

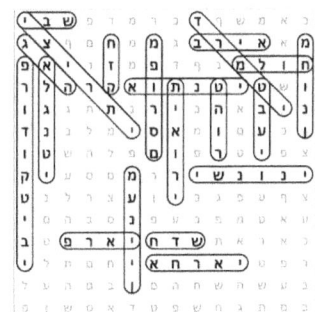

3 - Exploration

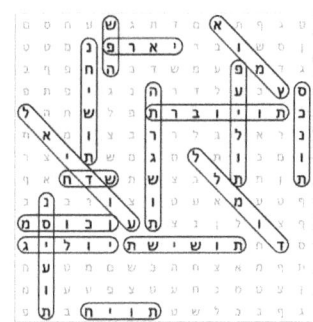

4 - Formes

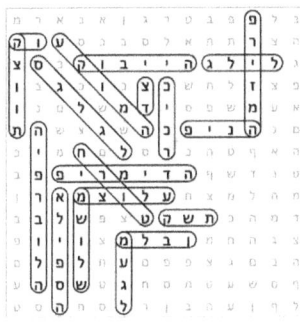

5 - Salle de Bains

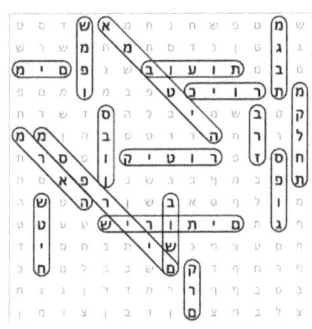

6 - Adjectifs #1

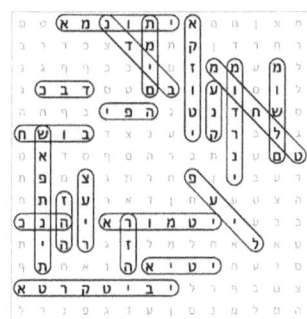

7 - Instruments de Musique

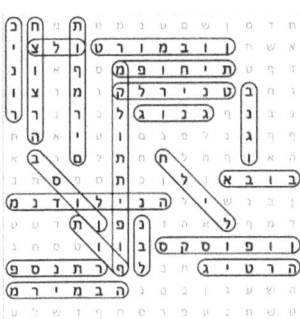

8 - Échecs

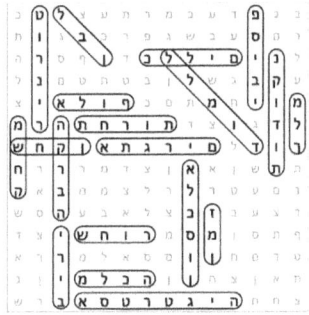

9 - Herboristerie

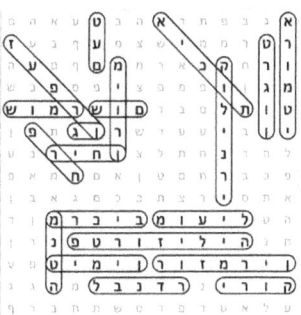

10 - Véhicules

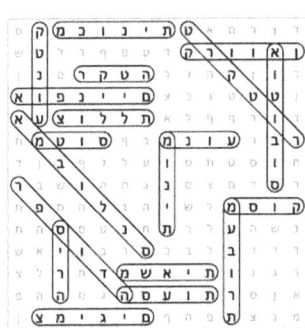

11 - Camping

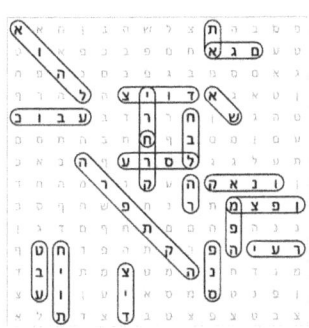

12 - Écologie

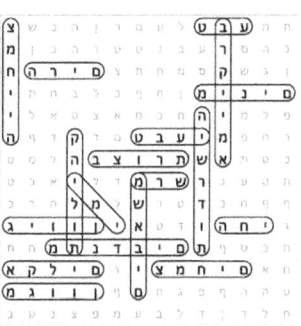

13 - Astronomie

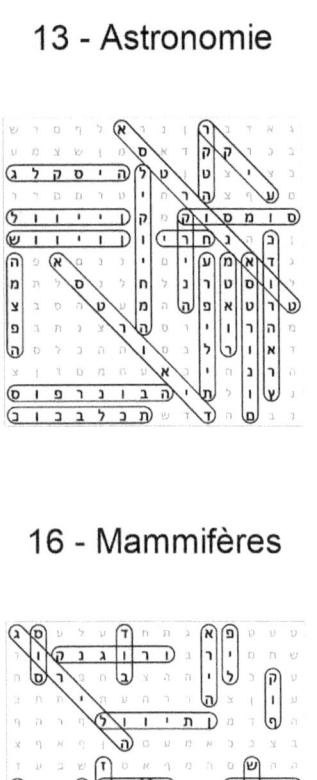

14 - Types de Cheveux

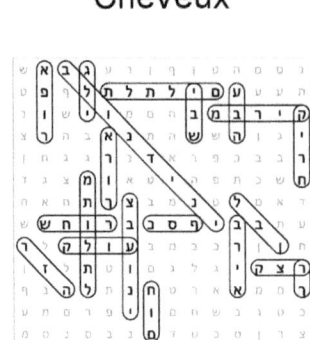

15 - Restaurant #1

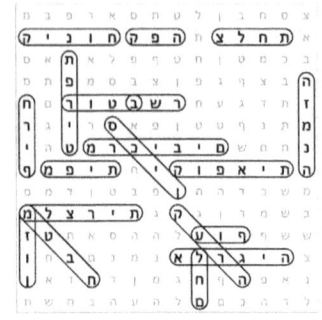

16 - Mammifères

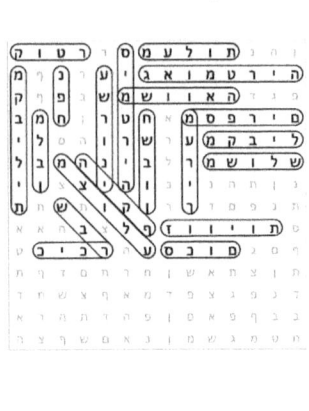

17 - Sports

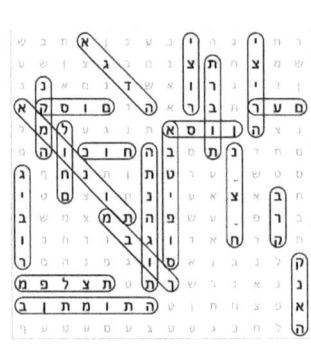

18 - Chocolat

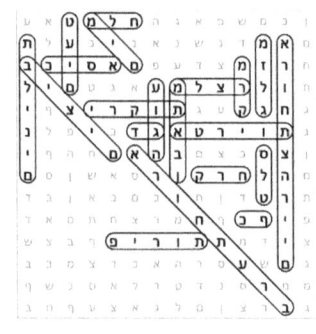

19 - Mathématiques

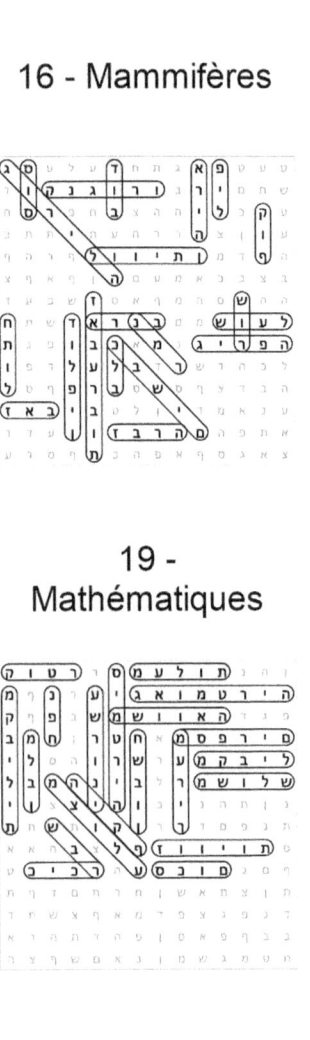

20 - Mythologie

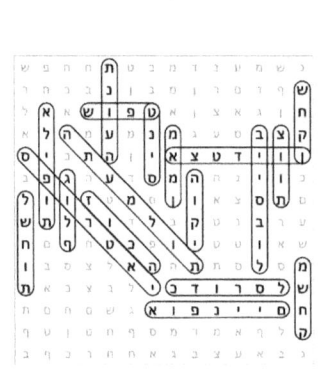

21 - Restaurant #2

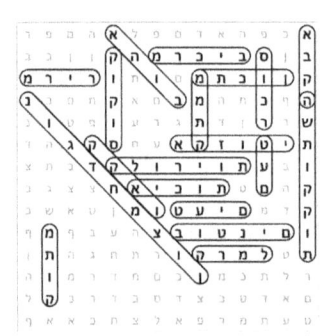

22 - Couleurs

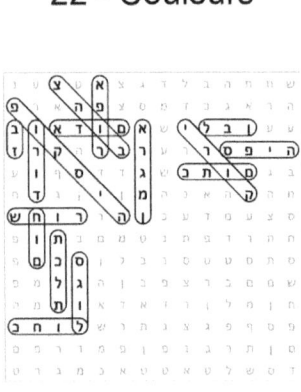

23 - Avions

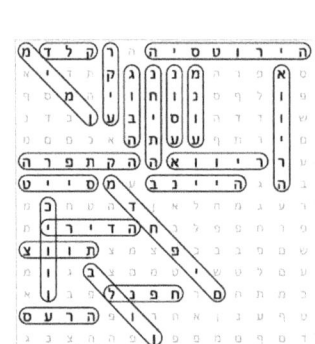

24 - Aventure

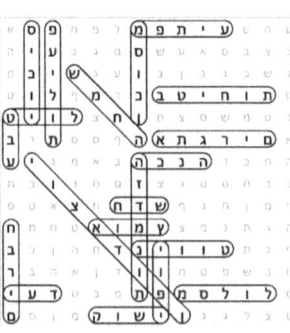

25 - Ville

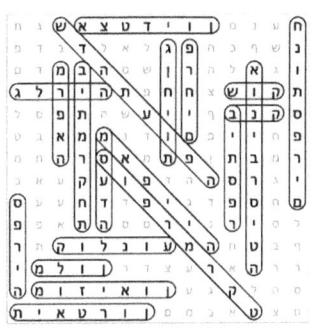

26 - Cuisine

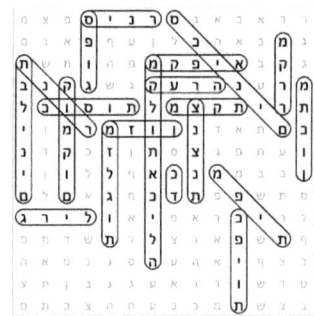

27 - Gentillesse

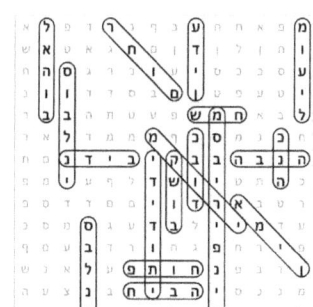

28 - Corps Humain

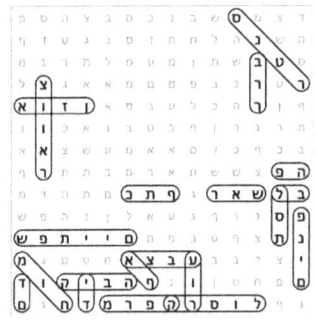

29 - Épices

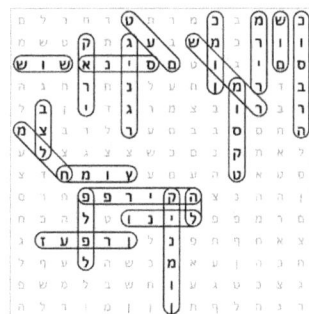

30 - Science

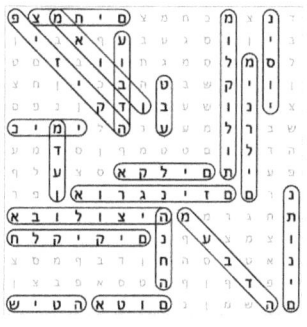

31 - Chats

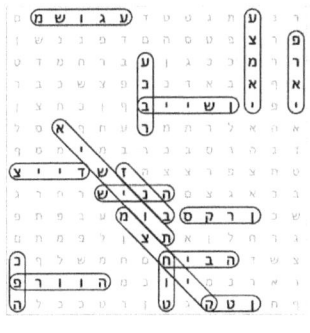

32 - Vêtements

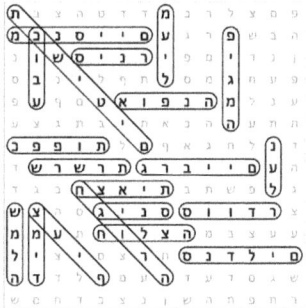

33 - Arts Visuels

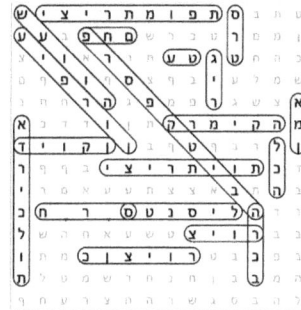

34 - Chiens

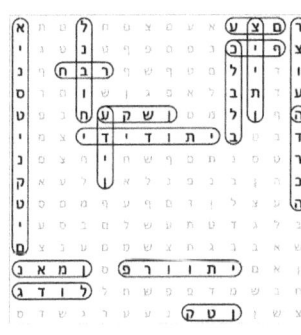

35 - Méditation

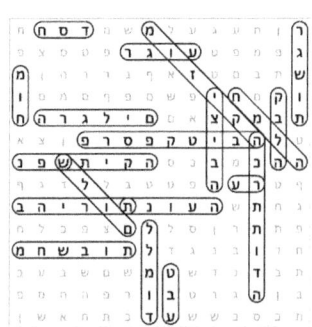

36 - Littérature

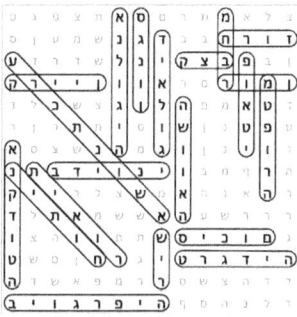

37 - Nourriture #1

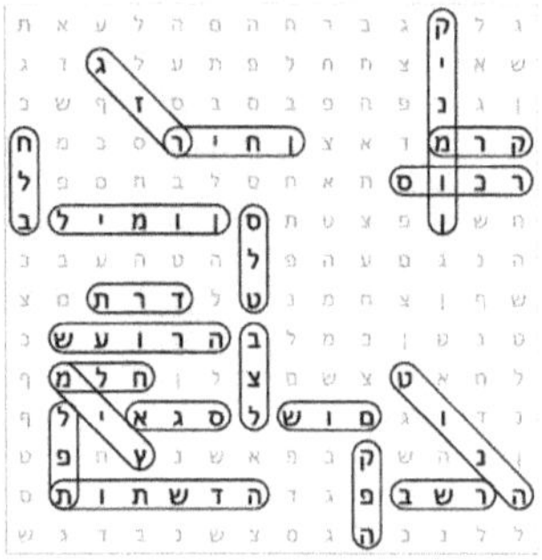

38 - Jours et Mois

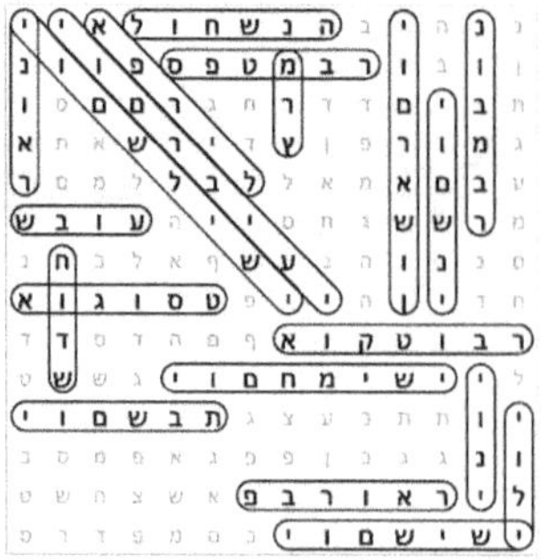

39 - Championnat

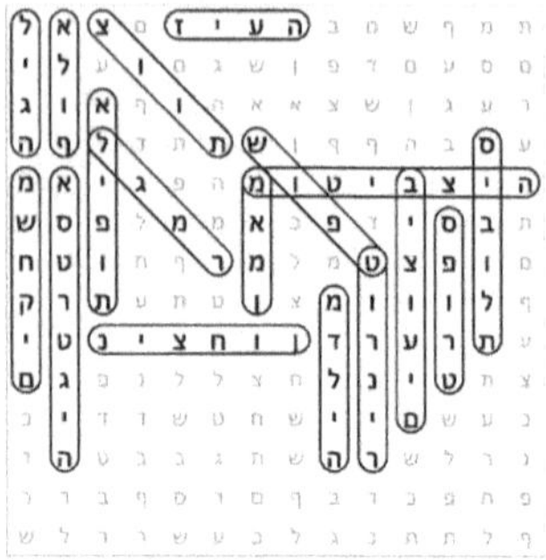

40 - Pirates

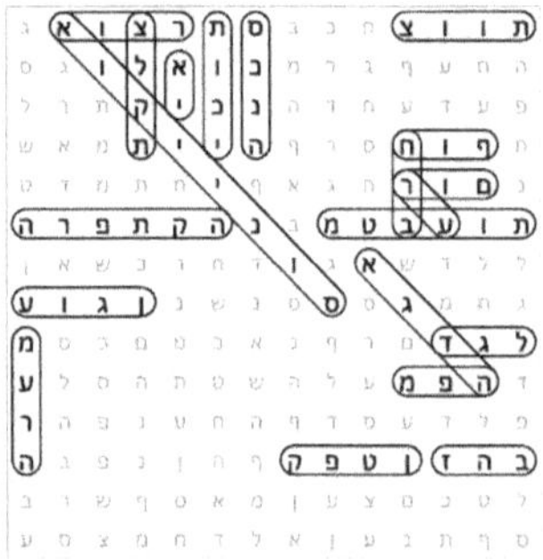

41 - Activités

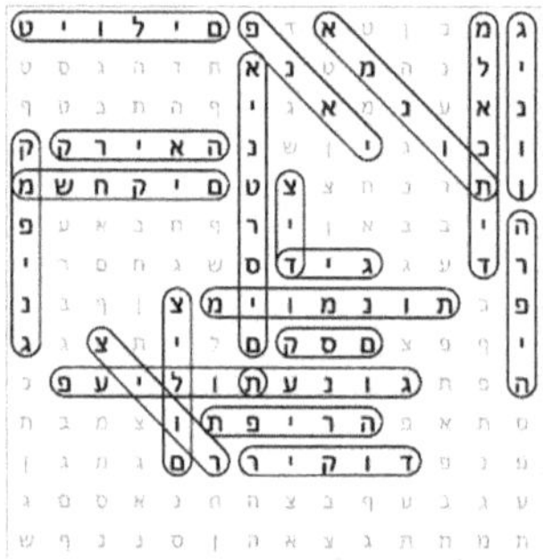

42 - Fleurs

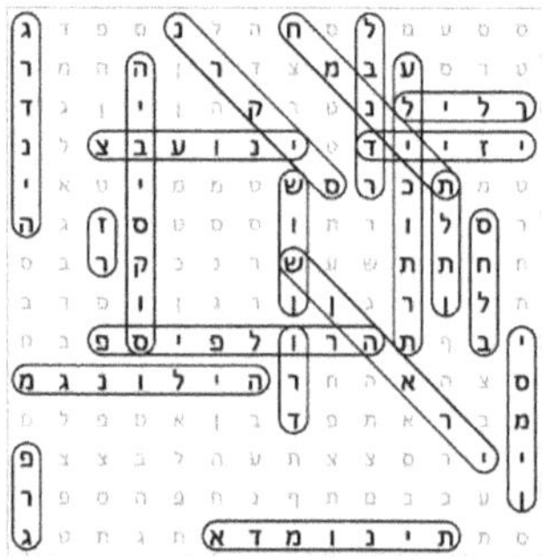

43 - Nourriture #2

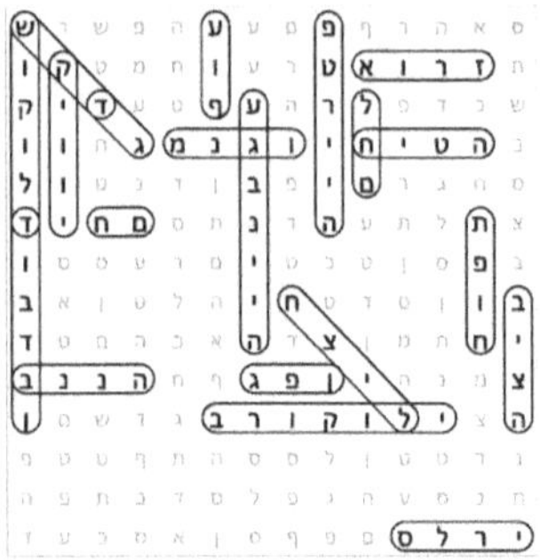

44 - Océan

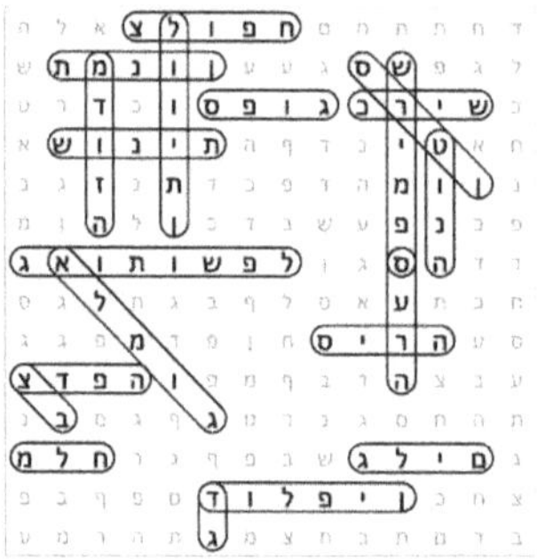

45 - Remplir

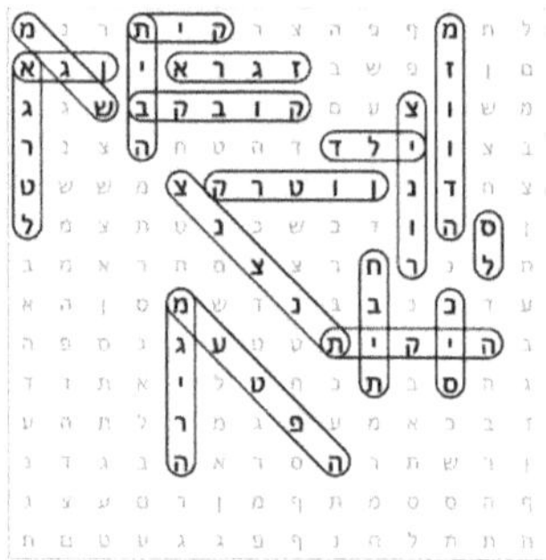

46 - Ballet

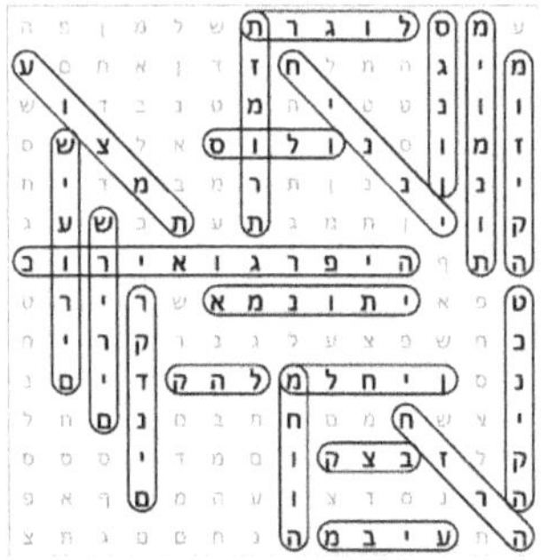

47 - Fruit

48 - Surf

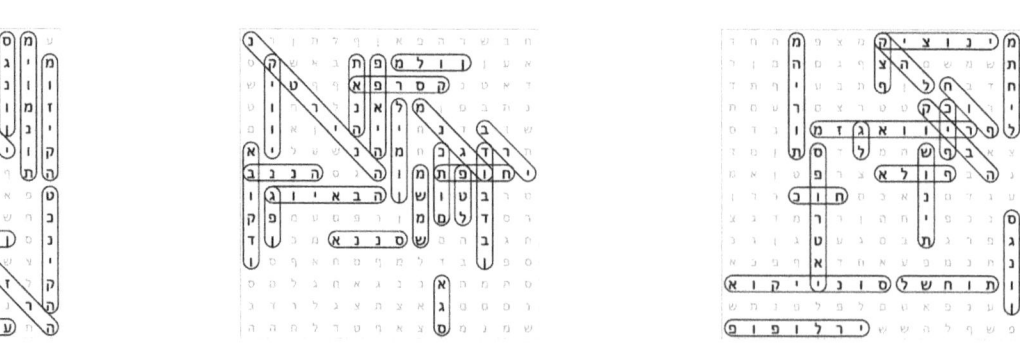

49 - Technologie

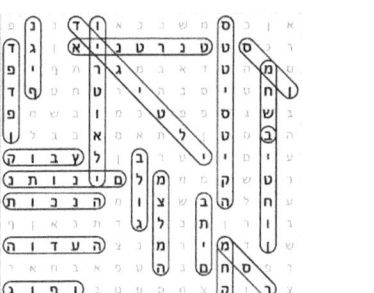

50 - Météo

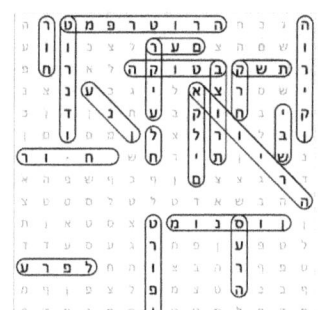

51 - Châteaux

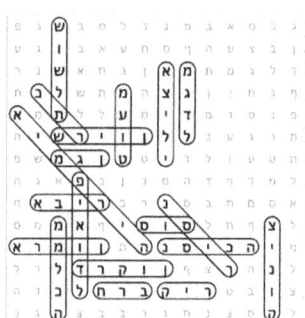

52 - Randonnée

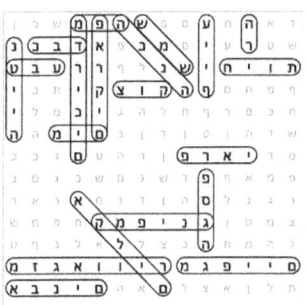

53 - Art

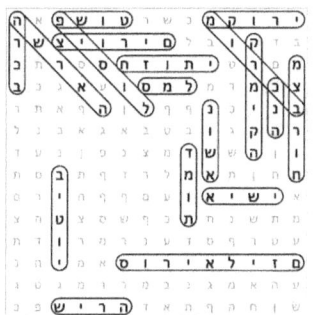

54 - Nutrition

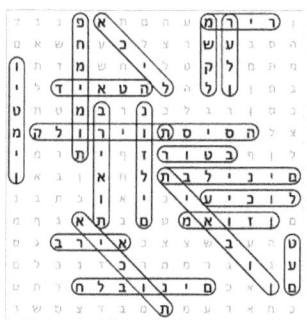

55 - Science Fiction

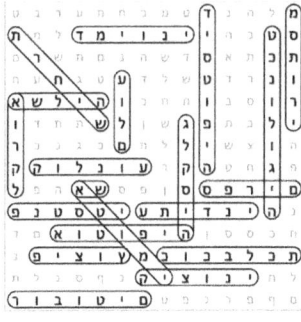

56 - Vertus #1

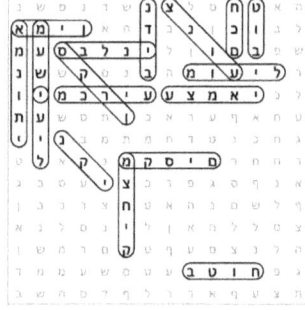

57 - Professions #1

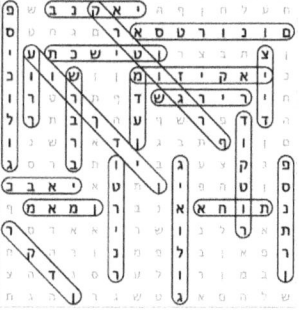

58 - Géologie

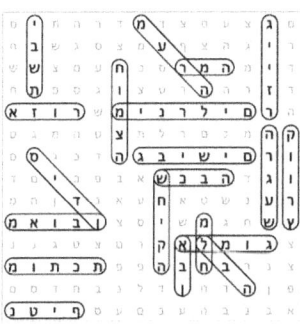

59 - Cirque

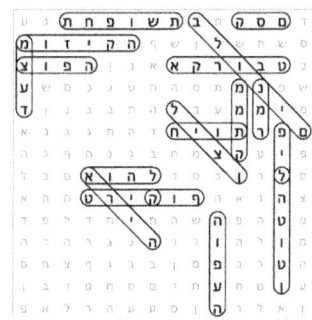

60 - Jardin

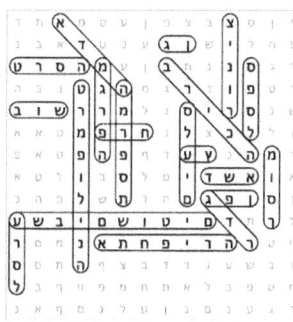

61 - Barbecues

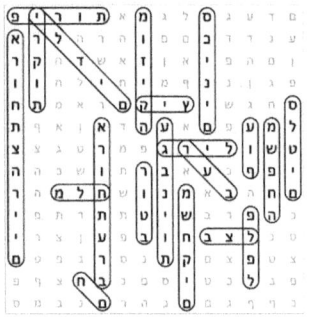

62 - Anniversaire

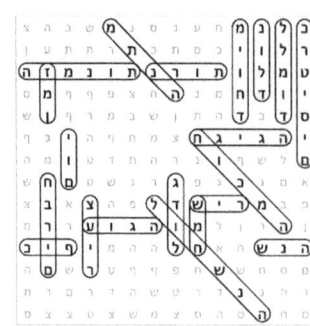

63 - Animaux de Compagnie

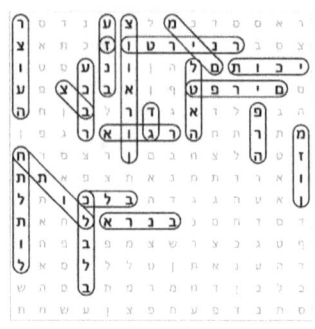

64 - Forêt Tropicale

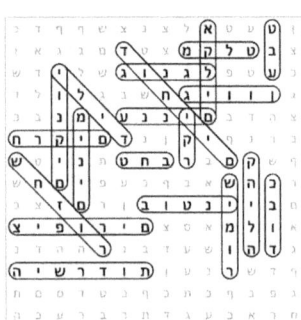

65 - Insectes

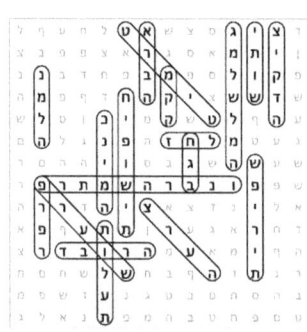

66 - Ferme #1

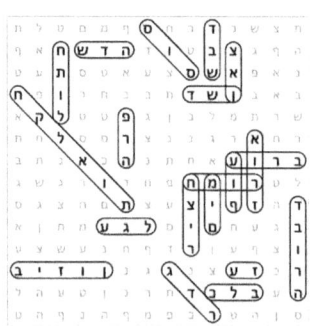

67 - Escalade

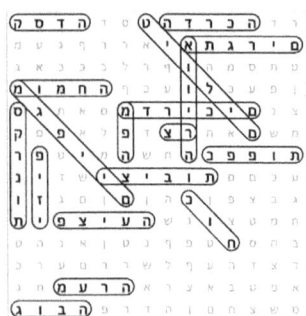

68 - École #2

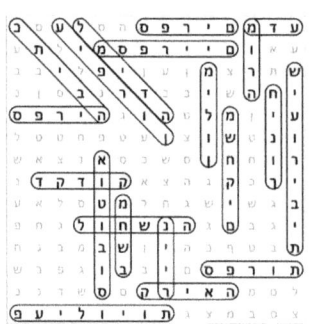

69 - Antarctique

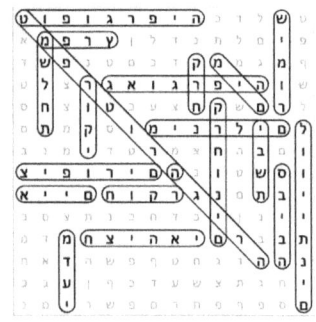

70 - Professions #2

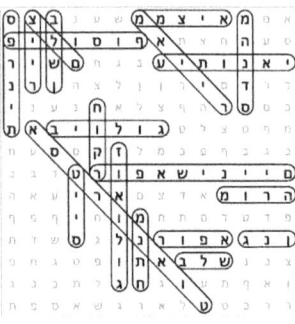

71 - Les Abeilles

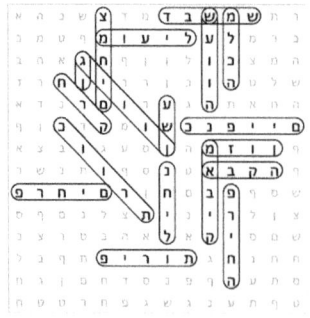

72 - Dinosaures

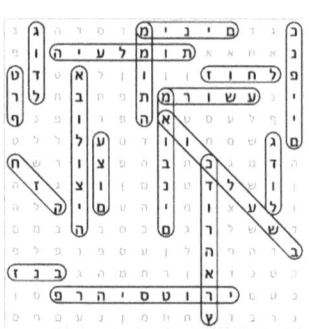

73 - Conduite

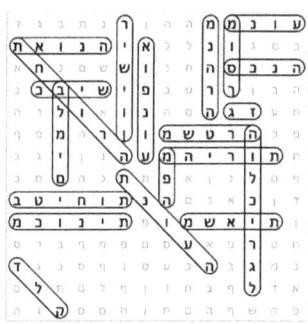

74 - Plantes

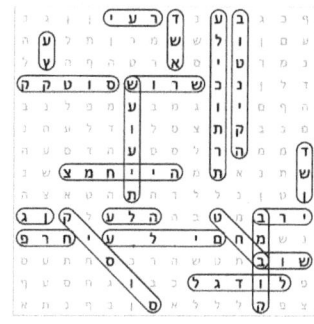

75 - Ferme #2

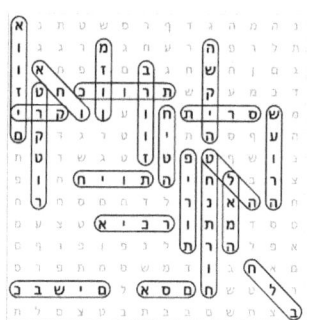

76 - École #1

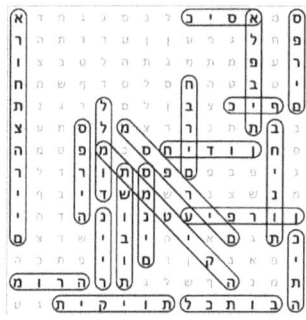

77 - Vacances #2

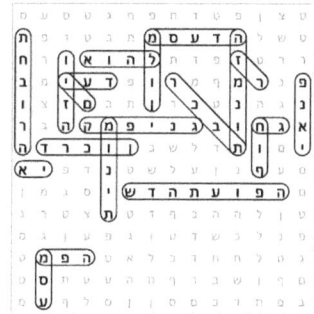

78 - Temps

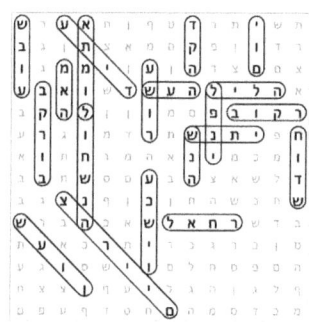

79 - Maison

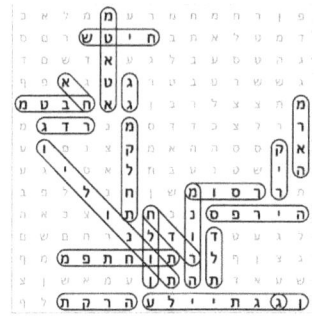

80 - Légumes

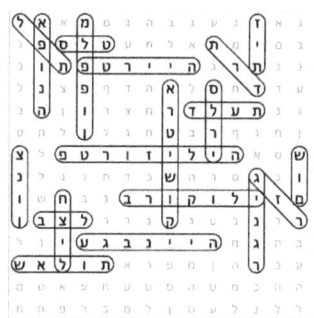

81 - Plage

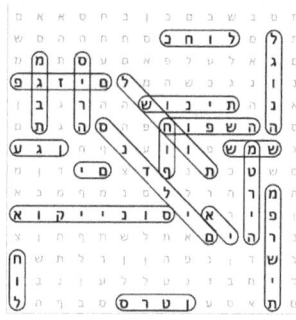

82 - Famille

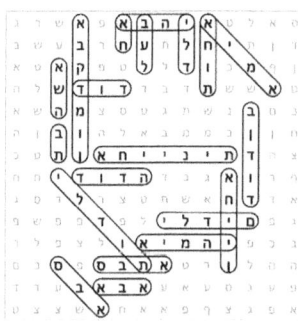

83 - Oiseaux

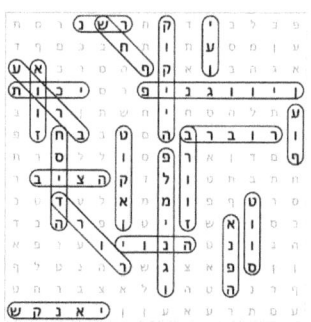

84 - Disciplines Scientifiques

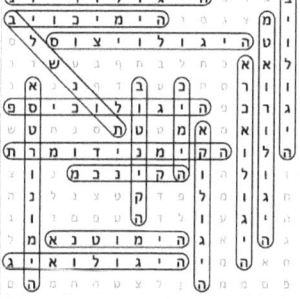

85 - Émotions

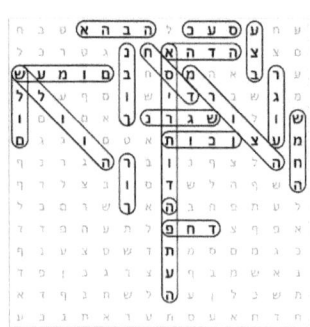

86 - Géographie

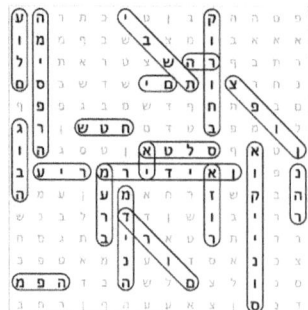

87 - Danse

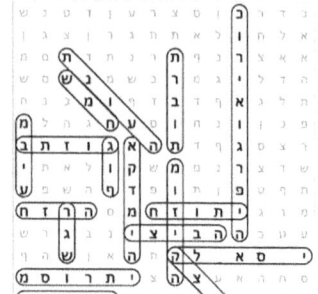

88 - Bâtiments

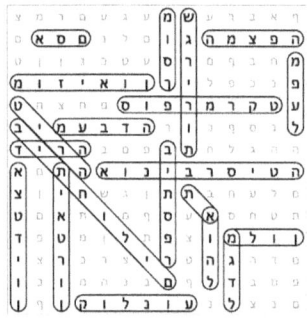

89 - Pêche

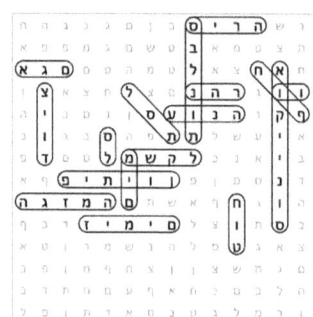

90 - Activités et Loisirs

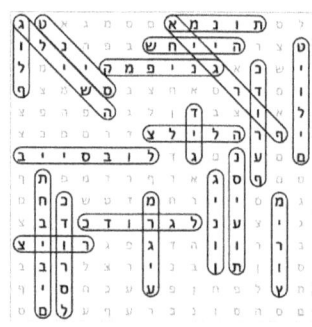

91 - Livres

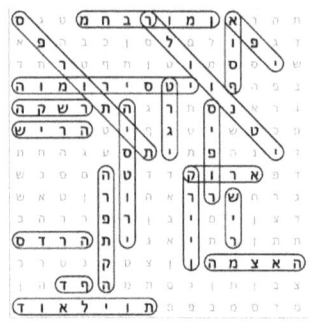

92 - Pays #2

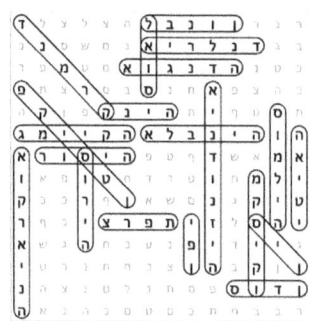

93 - Fournitures d'Art

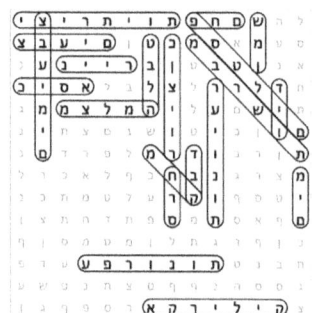

94 - Jouets

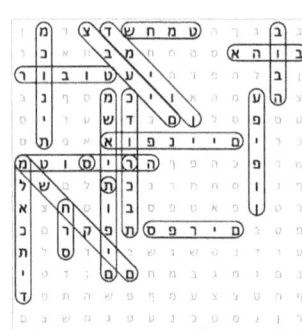

95 - Eau

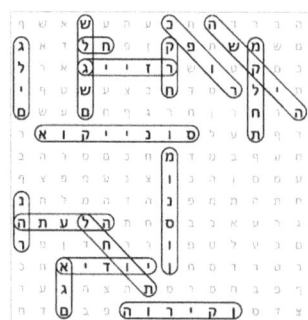

96 - Paysages

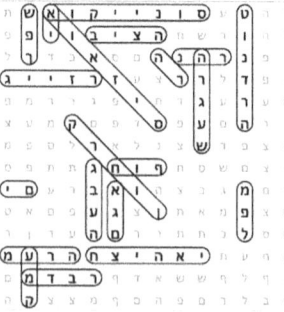

97 - Nombres

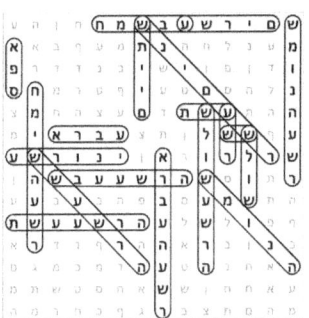

98 - Nature

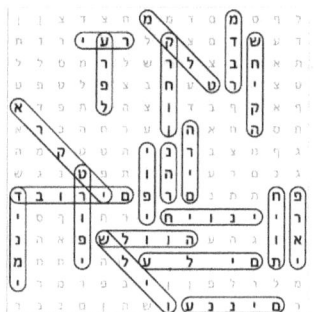

99 - Bateaux

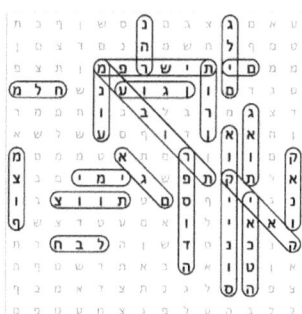

100 - Mesures

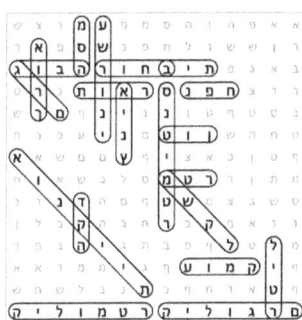

Dictionnaire

Activités
תויוליעפ

Activité	תוליעפ
Art	תונמא
Artisanat	די תכאלמ
Camping	גניפמק
Chasse	דיצ
Compétence	תונמוימ
Couture	הריפת
Danse	דוקיר
Intérêts	םיסרטניא
Jardinage	ןוניג
Jeux	םיקחשמ
Lecture	האירק
Loisir	יאנפ
Magie	םסק
Peinture	רויצ
Pêche	גיד
Photographie	םוליצ
Plaisir	גונעת
Randonnée	םילויט
Relaxation	היפרה

Activités et Loisirs
יאנפו תויוליעפ

Art	תונמא
Base-Ball	לובסייב
Basket-Ball	לסרודכ
Boxe	ףורגיא
Camping	גניפמק
Course	םירוץ
Football	לגרודכ
Golf	ףלוג
Jardinage	ןוניג
Nager	הייחש
Passe-Temps	םיביבחת
Peinture	רויצ
Pêche	גיד
Plongée	הלילצ
Randonnée	םילויט
Relaxant	עיגרמ
Surf	השילג
Tennis	סינט
Volley-Ball	ףעדורכ
Voyage	תועיסנ

Adjectifs #1
שמות תוראות #1

Absolu	טלחומ
Actif	ליעפ
Ambitieux	תינתפאש
Aromatique	יטמורא
Artistique	יתונמא
Attractif	יביטקרטא
Beau	הפי
Exotique	יטוזקא
Énorme	קנע
Généreux	ןידנ
Honnête	ןגה
Identique	ההז
Important	בושח
Innocent	םימת
Jeune	ריעצ
Lent	יטיא
Lourd	דבכ
Mince	הזר
Moderne	ינרדומ
Parfait	םלשומ

Adjectifs #2
שמות תוראות #2

Authentique	יטנתוא
Célèbre	םסרופמ
Créatif	יתריצי
Descriptif	ירואית
Doué	ןנוחמ
Dramatique	יטמרד
Élégant	יטנגלא
Fier	האג
Fort	קזח
Intéressant	ןיינעמ
Naturel	יעבט
Nouveau	שדח
Productif	יביטקודורפ
Pur	רוהט
Responsable	יארחא
Sain	אירב
Salé	חולמ
Sauvage	יארפ
Sec	שבי
Somnolent	ינונשי

Animaux de Compagnie
דמחמ תויח

Chat	לותח
Chaton	לותלתח
Chèvre	זע
Chien	בלכ
Chiot	בלבלכ
Collier	ןוראווצ
Eau	םימ
Griffes	םינרפצ
Hamster	רגוא
Laisse	העוצר
Lapin	בנרא
Lézard	האטל
Nourriture	ןוזמ
Perroquet	יכות
Poisson	גד
Queue	בנז
Souris	רבכע
Tortue	בצ
Vache	הרפ
Vétérinaire	ןנירטו

Anniversaire
תדלוה םוי

Amis	םירבח
Amusement	ףיכ
Année	הנש
Apprendre	דומלל
Bougies	תורנ
Cadeau	הנתמ
Calendrier	הנש חול
Cartes	םיסיטרכ
Chanson	ריש
Fête	הגיגח
Gâteau	הגוע
Heureux	חמש
Invitations	תונמזה
Jeune	ריעצ
Jour	םוי
Né	דלונ
Sagesse	המכוח
Spécial	דחוימ
Super	לודג
Temps	ןמז

Antarctique

הקיטקראטנא

Baie	ץרפמ
Baleines	םינתייוול
Chercheur	רקוח
Conservation	רומיש
Continent	תשבי
Eau	םימ
Environnement	הביבס
Expédition	תחלשמ
Géographie	היפרגואג
Glace	חרק
Glaciers	םינוחרק
Îles	םייא
Migration	הריגה
Minéraux	םילרנימ
Oiseaux	םירופיצ
Péninsule	יאה יצח
Rocheux	יקור
Scientifique	יעדמ
Température	הרוטרפמט
Topographie	היפרגופוט

Art

תונמא

Céramique	הקימרק
Complexe	בכרומ
Composition	בכרה
Expression	יוטיב
Figure	תומד
Honnête	הנכ
Humeur	חור בצמ
Inspiré	הארשה
Original	ירוקמ
Peintures	םירויצ
Personnel	ישיא
Poésie	הריש
Sculpture	לוסיפ
Simple	טושפ
Sujet	אשונ
Surréalisme	םזילאירוס
Symbole	למס
Visuel	יתוזח

Arts Visuels

תיתוזח תונמא

Architecture	תולכירדא
Argile	ס ֶר ֶח
Artiste	ןמא
Céramique	הקימרק
Charbon	םחפ
Chef-D'Œuvre	תפומ תריצי
Chevalet	רויצ ןכ
Cire	הוועש
Composition	בכרה
Craie	ריג
Crayon	ןורפיע
Créativité	תויתריצי
Film	טרס
Peinture	רויצ
Perspective	הביטקפסרפ
Pochoir	ליסנטס
Portrait	ןקויד
Stylo	טע
Vernis	הכל

Astronomie

הימונורטסא

Astéroïde	דיאורטסא
Astronaute	טואנורטסא
Astronome	םונורטסא
Ciel	עיקר
Constellation	םיבכוכ תצובק
Cosmos	סומסוק
Éclipse	המח יוקיל
Équinoxe	ןויווש
Fusée	הטקר
Galaxie	היסקלג
Lune	חרי
Météore	רואטמ
Nébuleuse	תיליפרע
Observatoire	הפצמה
Planète	תכל בכוכ
Radiation	הנירק
Satellite	ןייוול
Supernova	הבונרפוס
Terre	ץראה רודכ
Univers	םוקי

Aventure

הקתפרה

Activité	תוליעפ
Amis	םירבח
Beauté	יפוי
Bravoure	ץמוא
Chance	יוכיס
Dangereux	ןכוסמ
Destination	דעי
Défis	םירגתא
Difficulté	ישוק
Excursion	לויט
Inhabituel	ןפוד אצוי
Itinéraire	לולסמ
Joie	החמש
Nature	עבט
Navigation	טווינ
Nouveau	שדח
Opportunité	תונמדזה
Préparation	הנכה
Sécurité	תוחיטב
Surprenant	עיתפמ

Avions

םיסוטמ

Air	ריווא
Atmosphère	הריווא
Atterrissage	התיחנ
Aventure	הקתפרה
Ballon	ןולב
Carburant	קלד
Ciel	עיקר
Construction	היינב
Descente	הדירי
Direction	ןוויכ
Équipage	תווצ
Gonfler	חפנל
Hauteur	הבוג
Hélices	םיפחדמ
Histoire	הירוטסיה
Hydrogène	ןמימ
Moteur	עונמ
Passager	עסונ
Pilote	סייט
Turbulence	הרעס

Ballet
טלב

Artistique	יתונמא
Chorégraphie	היפרגואירוכ
Compétence	תונמוימ
Compositeur	ןיחלמ
Danseurs	םינדקר
Expressif	עיבמ
Geste	הווחמ
Gracieux	ןניח
Intensité	תמצוע
Leçons	םירועיש
Muscles	םירירש
Musique	הקיזומ
Orchestre	תרומזת
Pratique	לוגרת
Public	להק
Répétition	הרזח
Rythme	בצק
Solo	ולוס
Style	ןונגס
Technique	הקינכט

Barbecues
ויקיברב

Chaud	םח
Couteaux	םיניכס
Déjeuner	םיירהצ תחורא
Dîner	ברע תחורא
Enfants	םידלי
Été	ץיק
Faim	בער
Famille	החפשמ
Fruit	תוריפ
Gril	לירג
Jeux	םיקחשמ
Légumes	תוקרי
Musique	הקיזומ
Oignons	לצב
Poivre	לפלפ
Poulet	ףוע
Salades	םיטלס
Sauce	בטור
Sel	חלמ
Tomates	תוינבגע

Bateaux
תוריס

Ancre	ןגוע
Bouée	ףוצמ
Canoë	ונאק
Corde	לבח
Équipage	תווצ
Ferry	תרובעמ
Fleuve	רהנ
Kayak	קאיק
Lac	םגא
Marée	תואג
Marin	חלמ
Mât	ןרות
Mer	םי
Moteur	עונמ
Nautique	ימי
Océan	סונייקוא
Radeau	הדוספר
Vagues	םילג
Voilier	תישרפמ
Yacht	הטכאי

Bâtiments
םיניינב

Ambassade	תורירגש
Appartement	הריד
Cabine	את
Château	הריט
Cinéma	עונלוק
École	רפס תיב
Garage	ךסומ
Grange	םסא
Hôpital	םילוח תיב
Hôtel	ןולמ
Laboratoire	הדבעמ
Musée	ןואיזומ
Observatoire	הפצמה
Stade	ןוידטצא
Supermarché	טקרמרפוס
Tente	להוא
Théâtre	ןורטאית
Tour	לדגמ
Université	הטיסרבינוא
Usine	לעפמ

Camping
תואנחמ

Animaux	תויח
Aventure	הקתפרה
Boussole	ןפצמ
Cabine	את
Canoë	ונאק
Carte	הפמ
Chapeau	עבוכ
Chasse	דיצ
Corde	לבח
Équipement	דויצ
Feu	שא
Forêt	רעי
Hamac	עסרל
Insecte	קרח
Lac	םגא
Lanterne	סנפ
Lune	חרי
Montagne	רה
Nature	עבט
Tente	להוא

Championnat
תופילא

Champion	ףולא
Championnat	תופילא
Endurance	תלוביס
Entraîneur	ןמאמ
Équipe	תווצ
Finaliste	רמגל
Jeux	םיקחשמ
Juge	טפוש
Ligue	הגיל
Médaille	הילדמ
Motivation	היצביטומ
Performance	םיעוציב
Sports	טרופס
Stratégie	היגטרטסא
Tournoi	רינרוט
Transpiration	העיז
Victoire	ןוחצינ

Chats
חתולים

Affectueux	חיבה
Chasseur	צייד
Curieux	סקרן
Dormir	שינה
Drôle	מצחיק
Fil	חוט
Fou	משוגע
Fourrure	פרווה
Indépendant	עצמאי
Patte	כפה
Personnalité	אישיות
Peu	קטן
Queue	זנב
Sauvage	פראי
Souris	עכבר
Timide	ביישן

Châteaux
טירות

Armure	שריון
Bouclier	מגן
Catapulte	מעוט
Cheval	סוס
Chevalier	אביר
Couronne	כתר
Donjon	צינוק
Dragon	דרקון
Dynastie	שושלת
Empire	אימפריה
Épée	חרב
Féodal	פיאודל
Mur	קיר
Noble	אצילי
Palais	ארמון
Prince	נסיך
Princesse	נסיכה
Royaume	ממלכה
Tour	מגדל

Chiens
כלבים

Aboyer	לנבוח
Amical	ידידותי
Amusement	כיף
Chiot	כלבלב
Compagnon	חבר
Doux	עדין
Formation	הדרכה
Grand	גדול
Instincts	אינסטינקטים
Laisse	רצועה
Loyal	נאמן
Obéissant	צייתן
Os	עצם
Petit	קטן
Poilu	פרוותי
Têtu	עקשן

Chocolat
שוקולד

Amer	מריר
Antioxydant	נוגד חמצון
Bonbon	ממתק
Cacahuètes	בוטנים
Cacao	קקאו
Calories	קלוריות
Caramel	קרמל
Délicieux	טעים
Doux	מתוק
Envie	השתוקקות
Exotique	אקזוטי
Favori	אהוב
Goût	טעם
Ingrédient	מרכיב
Noix de Coco	קוקוס
Poudre	אבקה
Qualité	איכות
Recette	מתכון
Sucre	סוכר

Cirque
קרקס

Acrobate	אקרובט
Animaux	חיות
Astuce	טריק
Ballons	בלונים
Bonbon	ממתק
Clown	ליצן
Costume	תחפושת
Éléphant	פיל
Jongleur	להטוטן
Lion	אריה
Magie	קסם
Montrer	הופעה
Musique	מוזיקה
Parade	מצעד
Singe	קוף
Spectateur	צופה
Tente	אוהל
Tigre	נמר

Conduite
נהיגה

Accident	תאונה
Camion	משאית
Carburant	דלק
Carte	מפה
Danger	סכנה
Freins	בלמים
Garage	מוסך
Gaz	גז
Licence	רישיון
Moteur	מנוע
Moto	אופנוע
Piéton	הולכי רגל
Police	משטרה
Route	כביש
Sécurité	בטיחות
Trafic	תנועה
Transport	תחבורה
Tunnel	מנהרה
Vitesse	מהירות
Voiture	מכונית

Corps Humain
גוף האדם

Bouche	הפ
Cerveau	חומ
Cheville	קרסול
Cou	צואר
Coude	מרפק
Cœur	לב
Doigt	אצבע
Estomac	קיבה
Épaule	כתף
Genou	ברך
Lèvres	שפתיים
Main	יד
Mâchoire	לסת
Menton	סנטר
Nez	אף
Oreille	אוזן
Peau	עור
Sang	דם
Tête	ראש
Visage	פנים

Couleurs
צבעים

Azur	תכלת
Beige	בז'
Blanc	לבן
Bleu	כחול
Fuchsia	פוקסיה
Gris	אפור
Jaune	צהוב
Magenta	ארגמן
Marron	חום
Noir	שחור
Orange	כתום
Rose	ורוד
Rouge	אדום
Sépia	ספיה
Vert	ירוק
Violet	סגול

Cuisine
מטבח

Baguettes	מקלות אכילה
Bol	קערה
Bouilloire	קומקום
Congélateur	מקפיא
Couteaux	סכינים
Cruche	כד
Cuillères	כפיות
Épices	תבלינים
Éponge	ספוג
Four	תנור
Fourchettes	מזלגות
Gril	גריל
Louche	מצקת
Nourriture	מזון
Pot	צנצנת
Recette	מתכון
Réfrigérateur	מקרר
Serviette	מפית
Tablier	סינר
Tasses	כוסות

Danse
ריקוד

Académie	אקדמיה
Art	אמנות
Chorégraphie	כוראוגרפיה
Classique	קל.סא.י
Corps	גוף
Culture	תרבות
Expressif	מביע
Émotion	רגש
Joyeux	שמח
Mouvement	תנועה
Musique	מוזיקה
Partenaire	בת זוג
Posture	יציבה
Répétition	חזרה
Rythme	קצב
Traditionnel	מסורתי
Visuel	חזותי

Dinosaures
דינוזאורים

Ailes	כנפיים
Disparition	היעלמות
Espèce	מינים
Énorme	עצום
Évolution	אבולוציה
Fossiles	מאובנים
Grand	גדול
Herbivore	אוכל עשב
Mammouth	ממותה
Préhistorique	פרהיסטורי
Proie	טרף
Puissant	חזק
Queue	זנב
Reptile	זוחל
Taille	גודל
Terre	כדור הארץ
Vicieux	מרושע

Disciplines Scientifiques
דיסציפלינות מדעיות

Anatomie	אנטומיה
Archéologie	ארכאולוגיה
Astronomie	אסטרונומיה
Biochimie	ביוכימיה
Biologie	ביולוגיה
Botanique	בוטניקה
Chimie	כימיה
Écologie	אקולוגיה
Géologie	גיאולוגיה
Immunologie	אימונולוגיה
Linguistique	בלשנות
Mécanique	מכניקה
Météorologie	מטאורולוגיה
Minéralogie	מינרלוגיה
Neurologie	נוירולוגיה
Physiologie	פיזיולוגיה
Psychologie	פסיכולוגיה
Sociologie	סוציולוגיה
Thermodynamique	תרמודינמיקה
Zoologie	זואולוגיה

Eau
מים

Canal	הלעתה
Douche	תחלקמ
Évaporation	יודיא
Fleuve	רהנ
Gel	רופכ
Geyser	רזייג
Glace	חרק
Humide	חל
Humidité	תוחל
Irrigation	היקשה
Lac	םגא
Mousson	ווסנומ
Neige	גלש
Océan	סונייקוא
Ouragan	וקירוה
Pluie	םשג
Vagues	םילג

Escalade
סופיט

Altitude	הבוג
Atmosphère	הריווא
Blessure	העיצפ
Bottes	םייפגמ
Carte	הפמ
Casque	הדסק
Curiosité	תונרקס
Défis	םירגתא
Expert	החמומ
Étroit	רצ
Force	חוכ
Formation	הכרדה
Gants	תופפכ
Grotte	הרעמ
Guides	םיכירדמ
Physique	יזיפ
Randonnée	םוליט
Stabilité	תוביצי

Exploration
רקח

Activité	תוליעפ
Animaux	תויח
Apprendre	דומלל
Courage	ץמוא
Cultures	תויוברת
Dangers	תונכס
Découverte	יוליג
Détermination	תושיחנ
Excitation	תושגרתה
Épuisement	תושישת
Inconnu	עודי אל
Langue	הפש
Nouveau	שדח
Périlleux	ןכוסמ
Sauvage	יארפ
Voyage	תועיסנ

Échecs
טמחש

Adversaire	בירי
Apprendre	דומלל
Blanc	ןבל
Champion	ףולא
Concours	תורחת
Défis	םירגתא
Diagonal	ןוסכלא
Jeu	קחשמ
Joueur	ןקחש
Noir	רוחש
Passif	יביספ
Points	תודוקנ
Reine	הכלמ
Règles	םיללכ
Roi	ךלמ
Sacrifice	הברקה
Stratégie	היגטרטסא
Temps	ןמז
Tournoi	רינרוט

École #1
בית רפס 1#

Alphabet	תיבפלא
Amis	םירבח
Amusement	ףיכ
Apprendre	דומלל
Bibliothèque	הירפס
Chaise	אסיכ
Crayon	ןורפיע
Déjeuner	םיירהצ תחורא
Dossiers	תויקית
Enseignant	הרומ
Examens	תוניחב
Écrire	בותכל
Livres	םירפס
Marqueurs	םינמס
Math	הקיטמתמ
Nombres	םירפסמ
Papier	ריינ
Quiz	ןודיח
Réponses	תובושת
Salle de Classe	התיכ

École #2
בית רפס 2#

Activités	תויוליעפ
Apprentissage	הדימל
Bibliothèque	הירפס
Bus	סובוטוא
Calendrier	הנש חול
Ciseaux	םיירפסמ
Crayon	ןורפיע
Devoirs	תיב ירועיש
Dictionnaire	ןולימ
Enseignant	הרומ
Écriture	הביתכ
Éducation	ךוניח
Grammaire	קודקד
Jeux	םיקחשמ
Lecture	האירק
Littérature	תורפס
Livres	םירפס
Ordinateur	בשחמ
Papier	ריינ
Science	עדמ

Écologie
היגולוקא

Bénévoles	םיבדנתמ
Climat	םילקא
Communautés	תוליהק
Diversité	ןוויג
Durable	אמייק רב
Espèce	םינימ
Faune	יחה
Marais	שרמ
Marin	ימי
Montagnes	םירה
Nature	עבט
Naturel	יעבט
Plantes	םיחמצ
Ressources	םיבאשמ
Sécheresse	תרוצב
Survie	תודרשיה
Variété	ןווגמ
Végétation	הייחמצ

Émotions
תושגר

Amour	הבהא
Calme	עוגר
Colère	סעכ
Contenu	ןכות
Embarrassé	ךובנ
Ennui	םומעש
Excité	שגרנ
Gentillesse	דסח
Joie	החמש
Paix	םולש
Peur	דחפ
Reconnaissant	הדות ריסא
Satisfait	הצורמ
Surprise	העתפה
Sympathie	הדהא
Tendresse	ךור
Tranquillité	הוולש
Tristesse	בצע

Épices
םינילבת

Aigre	ץומח
Ail	םוש
Amer	רירמ
Anis	סינא
Cannelle	ןומניק
Cardamome	לה
Coriandre	הרבסוכ
Cumin	ןומכ
Curry	יראק
Fenouil	רמוש
Gingembre	ר'גני'ג
Muscade	טקסומ
Oignon	לצב
Paprika	הקירפפ
Poivre	לפלפ
Réglisse	שוש
Safran	ןרפעז
Saveur	םעט
Sel	חלמ
Vanille	לינו

Été
ץיק

Amis	םירבח
Camping	גניפמק
Étoiles	םיבכוכ
Famille	החפשמ
Jardin	ןג
Jeux	םיקחשמ
Joie	החמש
Livres	םירפס
Loisir	יאנפ
Mer	םי
Musique	הקיזומ
Nager	תוחשל
Nourriture	ןוזמ
Plage	ףוח
Plongée	הלילצ
Relaxation	היפרה
Sandales	םילדנס
Vacances	השפוח
Voyage	תועיסנ

Famille
יתחפשמ רדח

Ancêtre	ןומדק בא
Cousin	דוד ןב
Enfance	תודלי
Enfant	דלי
Enfants	םידלי
Femme	השא
Fille	תב
Frère	חא
Grand-Mère	אתבס
Grand-Père	אבס
Mari	לעב
Maternel	יהמיא
Mère	אמיא
Neveu	ןייחא
Nièce	תינייחא
Oncle	דוד
Paternel	יהבא
Père	אבא
Soeur	תוחא
Tante	הדוד

Ferme #1
קשמ #1

Abeille	הרובד
Agriculture	תואלקח
Âne	רומח
Bison	ןוזיב
Champ	הדש
Chat	לותח
Cheval	סוס
Chèvre	זע
Chien	בלכ
Clôture	רדג
Corbeau	ברוע
Eau	םימ
Engrais	ןשד
Foin	ריצח
Miel	שבד
Poulet	ףוע
Riz	זרוא
Troupeau	ןאצ
Vache	הרפ
Veau	לגע

Ferme #2
קשמ #2

Agneau	הלט
Agriculteur	רכיא
Animaux	תויח
Blé	הטיח
Canard	זוורב
Fruit	תוריפ
Grange	םסא
Irrigation	היקשה
Lait	בלח
Lama	המאל
Légume	קרי
Maïs	סרית
Moulin à Vent	חור תנחט
Mouton	םישבכ
Nourriture	ןוזמ
Oies	םיזווא
Orge	הרועש
Pré	וחא
Ruche	תרווכ
Tracteur	רוטקרט

Fleurs
םיחרפ

Bouquet	רז
Gardénia	הינדרג
Hibiscus	סוקסיביה
Jasmin	ןימסי
Jonquille	סיקרנ
Lavande	רדנבל
Lilas	ךליל
Lys	ןשוש
Magnolia	הילונגמ
Marguerite	יזייד
Orchidée	בלחס
Passiflore	הרולפיספ
Pavot	גרפ
Pétale	תרתוכ ילע
Pissenlit	יראה ןש
Pivoine	תינומדא
Rose	דרו
Tournesol	תינמח
Trèfle	ןתלת
Tulipe	ןנועבצ

Forêt Tropicale
םשג תורעי

Amphibiens	םייח-וד
Botanique	ינטוב
Climat	םילקא
Communauté	הליהק
Diversité	ןוויג
Espèce	םינימ
Indigène	דילי
Insectes	םיקרח
Jungle	לגנו'ג
Mammifères	םיקנוי
Mousse	בחט
Nature	עבט
Nuage	םיננע
Oiseaux	םירופיצ
Précieux	רקי
Préservation	רומיש
Refuge	טלקמ
Respect	דובכ
Restauration	רוזחש
Survie	תודרשיה

Formes
תורוצ

Arc	תשק
Bords	תווצק
Carré	עובירב
Cercle	לגעמ
Coin	הניפ
Courbe	המוקע
Cône	טורח
Côté	דצ
Cube	הייבוק
Cylindre	לילג
Ellipse	הספילא
Hyperbole	הלוברפיה
Ligne	וק
Ovale	לגלגס
Polygone	עלוצמ
Prisme	המזירפ
Pyramide	הדימריפ
Rectangle	ןבלמ
Triangle	שלושמ

Fournitures d'Art
תונמא דויצ

Acrylique	קילירקא
Aquarelles	םימ יעבצ
Argile	רמח
Brosses	תושרבמ
Caméra	המלצמ
Chaise	אסיכ
Charbon	םחפ
Chevalet	רויצ ןכ
Colle	קבד
Couleurs	םיעבצ
Crayons	תונורפע
Créativité	תויתריצי
Eau	םימ
Encre	ויד
Gomme	קחמ
Huile	ןמש
Idées	תונויער
Papier	ריינ
Pastels	םילטספ
Table	הלבט

Fruit
תוריפ

Abricot	שמשמ
Ananas	סננא
Avocat	ודקובא
Baie	ירב
Banane	הננב
Cerise	ןבדבוד
Citron	ןומיל
Figue	הנאת
Framboise	לטפ
Goyave	הבאיוג
Kiwi	יוויק
Mangue	וגנמ
Melon	ןולמ
Nectarine	הנירטקנ
Orange	םותכ
Papaye	היאפפ
Pêche	קסרפא
Poire	סגא
Pomme	חופת
Raisin	ןפג

Gentillesse
דסח

Affectueux	הביח
Aimant	בוהאל
Amical	יתודידי
Attentif	בושק
Authentique	ירוקמ
Compatissant	סוחר
Compréhension	הנבה
Doux	וידע
Fiable	וימא
Généreux	בידנ
Heureux	חמש
Honnête	הנכ
Hospitalier	סינפ יריבסמ
Patient	ינלבס
Respectueux	דובכ
Réceptif	חותפ
Tolérant	ינלבוס
Utile	ליעומ

Géographie
היפרגואג

Altitude	הבוג
Atlas	סלטא
Carte	הפמ
Continent	תשבי
Fleuve	רהנ
Hémisphère	הרפסימה
Île	יא
Latitude	בחור וק
Mer	סי
Méridien	ואידירמ
Monde	סלוע
Montagne	רה
Nord	ןופצ
Océan	סונייקוא
Ouest	ברעמ
Pays	הנידמ
Région	רוזא
Sud	סורד
Territoire	חטש
Ville	ריע

Géologie
היגולואיג

Acide	הצמוח
Calcium	ןדיס
Caverne	הרעמ
Continent	תשבי
Corail	גומלא
Couche	הבכש
Cristaux	םישיבג
Érosion	הקיחש
Fondu	תכתומ
Fossile	ןבואמ
Geyser	רזייג
Lave	הבל
Minéraux	םילרנימ
Pierre	ןבא
Plateau	המר
Quartz	ץרווק
Sel	חלמ
Stalactite	ףיטנ
Volcan	שעג רה
Zone	רוזא

Herboristerie
אפרמ יחמצ

Ail	םוש
Aromatique	יטמורא
Basilic	ןחיר
Bénéfique	ליעומ
Culinaire	ירנילוק
Estragon	ןוגרט
Fenouil	רמוש
Fleur	חרפ
Ingrédient	ביכרמ
Jardin	ןג
Lavande	רדנבל
Marjolaine	ןרויימ
Menthe	הטנמ
Persil	הילוזורטפ
Qualité	תוכיא
Romarin	ןירמזור
Safran	ןרפעז
Saveur	םעט
Thym	ןימיט
Vert	קורי

Insectes
םיקרח

Abeille	הרובד
Cafard	קקמ
Cigale	הדקיצ
Coccinelle	ונבר השמ תרפ
Criquet	הברא
Fourmi	הלמנ
Guêpe	הערצ
Larve	לחז
Libellule	תיריפש
Mante	המלש למג
Moustique	שותי
Papillon	רפרפ
Puce	שוערפ
Puceron	המינכ
Sauterelle	בגח
Scarabée	תישופיח
Termite	טימרט
Ver	תעלות

Instruments de Musique
הניגנ ילכ

Banjo	ו'גנב
Basson	ןוסב
Clarinette	טנירלק
Flûte	לילח
Gong	גנוג
Guitare	הרטיג
Harmonica	תיחופמ
Harpe	לבנ
Hautbois	בובא
Mandoline	הנילודנמ
Marimba	הבמירמ
Piano	רתנספ
Pilons	ףוית תולקמ
Saxophone	ןופוסקס
Tambour	ףות
Tambourin	םירמ ףות
Trombone	ןובמורט
Trompette	הרצוצח
Violon	רוניכ
Violoncelle	ול'צ

Jardin
גן

Arbre	עץ
Banc	ספסל
Buisson	שוב
Clôture	גדר
Étang	בריכה
Fleur	פרח
Garage	מוסך
Hamac	ערסל
Herbe	דשא
Jardin	גן
Mauvaises Herbes	עשבים שוטים
Pelle	את חפירה
Porche	מרפסת
Râteau	מגרפה
Roches	סלעים
Sol	אדמה
Terrasse	טרסה
Trampoline	טרמפולינה
Tuyau	צינור
Vigne	גפן

Jouets
צעצועים

Argile	חרס
Artisanat	מלאכת יד
Avion	מטוס
Balle	כדור
Bateau	סירה
Camion	משאית
Cerf-Volant	עפיפון
Échecs	שחמט
Favori	אהוב
Imagination	דמיון
Jeux	משחקים
Livres	ספרים
Peinture	צבע
Poupée	בובה
Robot	רובוט
Tambours	תופים
Train	רכבת
Vélo	אופניים
Voiture	מכונית

Jours et Mois
ימים וחודשים

Août	אוגוסט
Avril	אפריל
Calendrier	לוח שנה
Dimanche	יום ראשון
Février	פברואר
Janvier	ינואר
Jeudi	יום חמישי
Juillet	יולי
Juin	יוני
Lundi	יום שני
Mardi	יום שלישי
Mars	מרץ
Mercredi	יום רביעי
Mois	חודש
Novembre	נובמבר
Octobre	אוקטובר
Samedi	יום שבת
Semaine	שבוע
Septembre	ספטמבר
Vendredi	יום שישי

Les Abeilles
דבורים

Ailes	כנפיים
Bénéfique	מועיל
Cire	שעווה
Diversité	גיוון
Essaim	נחיל
Fleur	פריחה
Fleurs	פרחים
Fruit	פירות
Fumée	עשן
Insecte	חרק
Jardin	גן
Miel	דבש
Nourriture	מזון
Plantes	צמחים
Pollen	אבקה
Pollinisateur	מאביק
Reine	מלכה
Ruche	כוורת
Soleil	שמש

Légumes
ירקות

Ail	שום
Artichaut	ארטישוק
Aubergine	חציל
Brocoli	ברוקולי
Carotte	גזר
Céleri	סלרי
Champignon	פטרייה
Citrouille	דלעת
Concombre	מלפפון
Échalote	שאלות
Épinard	תרד
Gingembre	ג'ינג'ר
Navet	לפת
Oignon	בצל
Olive	זית
Persil	פטרוזיליה
Pois	אפונה
Radis	צנון
Salade	סלט
Tomate	עגבנייה

Littérature
ספרות

Analogie	אנלוגיה
Analyse	ניתוח
Anecdote	אנקדוטה
Auteur	מחבר
Biographie	ביוגרפיה
Comparaison	השוואה
Conclusion	סיכום
Description	תיאור
Dialogue	דיאלוג
Fiction	בדיוני
Métaphore	מטפורה
Narrateur	קריין
Poème	שיר
Poétique	פואטי
Rime	חרוז
Roman	רומן
Rythme	קצב
Style	סגנון
Thème	ערכת נושא
Tragédie	טרגדיה

Livres
ספרים

Auteur	מחבר
Aventure	הרפתקה
Collection	אוסף
Contexte	הקשר
Dualité	דואליות
Épique	אפי
Histoire	סיפור
Historique	היסטורי
Humoristique	הומוריסטי
Inventif	המצאה
Lecteur	קורא
Littéraire	ספרותי
Narrateur	קריין
Page	דף
Pertinent	רלוונטי
Poème	שיר
Poésie	שירה
Roman	רומן
Série	סדרה
Tragique	טרגי

Maison
בית

Balai	מטאטא
Bibliothèque	ספריה
Chambre	חדר
Cheminée	אח
Clés	מפתחות
Clôture	גדר
Cuisine	מטבח
Douche	מקלחת
Fenêtre	חלון
Garage	מוסך
Grenier	עליית גג
Jardin	גן
Lampe	מנורה
Miroir	מראה
Mur	קיר
Plafond	תקרה
Porte	דלת
Rideaux	וילונות
Tapis	שטיח
Toit	גג

Mammifères
יונקים

Baleine	לוויתן
Chat	חתול
Cheval	סוס
Chien	כלב
Coyote	זאב ערבות
Dauphin	דולפין
Éléphant	פיל
Girafe	ג'ירפה
Gorille	גורילה
Kangourou	קנגורו
Lapin	ארנב
Lion	אריה
Loup	זאב
Mouton	כבשים
Ours	דוב
Renard	שועל
Singe	קוף
Taureau	שור
Tigre	נמר
Zèbre	זברה

Mathématiques
מתמטיקה

Angles	זוויות
Arithmétique	חשבון
Carré	ריבוע
Degrés	מעלות
Décimal	עשרוני
Diamètre	קוטר
Exposant	מעריך
Équation	משוואה
Fraction	שבר
Géométrie	גאומטריה
Nombres	מספרים
Parallèle	מקביל
Parallélogramme	מקבילית
Périmètre	היקף
Polygone	מצולע
Rectangle	מלבן
Somme	סכום
Symétrie	סימטריה
Triangle	משולש
Volume	נפח

Mesures
מדידה

Centimètre	סנטימטר
Degré	ראות
Décimal	עשרוני
Gramme	גרם
Hauteur	גובה
Kilogramme	קילוגרם
Kilomètre	קילומטר
Largeur	רוחב
Litre	ליטר
Longueur	אורך
Masse	מסה
Mètre	מטר
Minute	דקה
Octet	בית
Once	אונקייה
Poids	משקל
Pouce	אינץ'
Profondeur	עומק
Tonne	טון
Volume	נפח

Méditation
מדיטציה

Acceptation	קבלה
Apprendre	ללמוד
Calme	רוגע
Clarté	בהירות
Compassion	חמלה
Esprit	מוח
Émotions	רגשות
Éveillé	ער
Gentillesse	חסד
Gratitude	הכרת תודה
Habitudes	הרגלים
Mental	נפש
Mouvement	תנועה
Musique	מוזיקה
Nature	טבע
Paix	שלום
Pensées	מחשבות
Perspective	פרספקטיבה
Posture	יציבה
Silence	שתיקה

Météo
מזג אוויר

Arc-En-Ciel	קשת
Atmosphère	אווירה
Brise	רוּחַ
Brouillard	ערפל
Ciel	רקיע
Climat	אקלים
Glace	קרח
Humide	לח
Mousson	מונסון
Nuage	ענן
Ouragan	הוריקן
Polaire	הקוטב
Sec	יבש
Sécheresse	בצורת
Température	טמפרטורה
Tempête	סערה
Tonnerre	רעם
Tornade	טורנדו
Tropical	טרופי
Vent	רוח

Mythologie
מיתולוגיה

Archétype	אבטיפוס
Catastrophe	אסון
Comportement	התנהגות
Création	יצירה
Créature	יצור
Croyances	אמונות
Culture	תרבות
Éclair	ברק
Force	כוח
Guerrier	לוחם
Héros	גיבור
Immortalité	נצח
Jalousie	קנאה
Labyrinthe	מבוך
Légende	אגדה
Magique	קסום
Monstre	מפלצת
Mortel	בן תמותה
Tonnerre	רעם
Vengeance	נקמה

Nature
טבע

Abeilles	דבורים
Animaux	חיות
Arctique	ארקטי
Beauté	יופי
Brouillard	ערפל
Désert	מדבר
Dynamique	דינמי
Érosion	שחיקה
Feuillage	עלים
Fleuve	נהר
Forêt	יער
Glacier	קרחון
Montagnes	הרים
Nuage	עננים
Paisible	שליו
Sanctuaire	מקלט
Sauvage	פראי
Serein	שלווה
Tropical	טרופי
Vital	חיוני

Nombres
מספרים

Cinq	חמש
Deux	שתיים
Décimal	עשרוני
Dix	עשר
Dix-Huit	שמונה עשר
Dix-Neuf	תשע עשרה
Dix-Sept	שבע עשרה
Douze	שנים עשר
Huit	שמונה
Neuf	תשע
Quatorze	ארבעה עשר
Quatre	ארבע
Quinze	חמישה עשר
Seize	שש עשרה
Sept	שבע
Six	שש
Treize	שלוש עשרה
Trois	שלוש
Vingt	עשרים
Zéro	אפס

Nourriture #1
מזון #1

Ail	שום
Basilic	ריחן
Café	קפה
Cannelle	קינמון
Carotte	גזר
Citron	לימון
Épinard	תרד
Fraise	תות שדה
Jus	מיץ
Lait	חלב
Navet	לפת
Oignon	בצל
Orge	שעורה
Poire	אגס
Salade	סלט
Sel	מלח
Soupe	מרק
Sucre	סוכר
Thon	טונה
Viande	בשר

Nourriture #2
מזון #2

Amande	שקד
Aubergine	חציל
Banane	בננה
Blé	חיטה
Brocoli	ברוקולי
Cerise	דובדבן
Céleri	סלרי
Champignon	פטרייה
Chocolat	שוקולד
Jambon	חם
Kiwi	קיווי
Mangue	מנגו
Oeuf	ביצה
Pain	לחם
Poisson	דג
Pomme	תפוח
Poulet	עוף
Raisin	גפן
Riz	אורז
Tomate	עגבנייה

Nutrition

הנוזת

Amer	רירמ
Appétit	ןובאית
Calories	תוירולק
Comestible	ליכא
Diète	הטאיד
Digestion	לוכיע
Épices	םינילבת
Équilibré	ןזואמ
Fermentation	הסיסת
Glucides	תומימחפ
Liquides	םילזונ
Poids	לקשמ
Protéines	םינובלח
Qualité	תוכיא
Sain	אירב
Santé	תואירב
Sauce	בטור
Saveur	םעט
Toxine	ןלער
Vitamine	ןימטיו

Océan

סונייקוא

Anguille	חפולצ
Baleine	ןתיוול
Bateau	הריס
Corail	גומלא
Crabe	ןטרס
Crevette	ספמירש
Dauphin	ןיפלוד
Éponge	גופס
Huître	הפדצ
Marées	לפשו תואג
Méduse	הזודמ
Poisson	גד
Poulpe	ןונמת
Requin	שירכ
Récif	תינוש
Sel	חלמ
Tempête	הרעס
Thon	הנוט
Tortue	בצ
Vagues	םילג

Oiseaux

םירופיצ

Aigle	רשנ
Autruche	ןעי
Canard	זוורב
Cigogne	הדיסח
Corbeau	ברוע
Coucou	הייקוק
Cygne	רוברב
Flamant	וגנימלפ
Héron	הפנא
Manchot	ןיווגניפ
Moineau	רורד
Mouette	ףחש
Oeuf	הציב
Oie	זווא
Paon	סווט
Perroquet	יכות
Pélican	יאנקש
Pigeon	הנוי
Poulet	ףוע
Toucan	ןאקוט

Pays #2

תונידמ #2

Albanie	הינבלא
Chine	ןיס
Danemark	קרמנד
France	תפרצ
Haïti	יטיאה
Indonésie	היזנודניא
Irlande	דנלריא
Jamaïque	הקיימ'ג
Japon	ןפי
Kenya	הינק
Laos	סואל
Liban	ןונבל
Mexique	וקיסקמ
Ouganda	הדנגוא
Pakistan	ןטסיקפ
Russie	היסור
Somalie	הילמוס
Soudan	ןדוס
Syrie	הירוס
Ukraine	הניארקוא

Paysages

םיפונ

Cascade	לפמ
Colline	העבג
Désert	רבדמ
Estuaire	ךפש
Fleuve	רהנ
Geyser	רזייג
Grotte	הרעמ
Iceberg	ןוחרק
Île	יא
Lac	םגא
Marais	הציב
Mer	םי
Montagne	רה
Oasis	סיזאוא
Océan	סונייקוא
Péninsule	יאה יצח
Plage	ףוח
Toundra	הרדנוט
Vallée	קמע
Volcan	שעג רה

Pêche

גייד

Appât	ןויתיפ
Bateau	הריס
Branchies	םיזמיז
Crochet	וו
Eau	םימ
Exagération	המזגה
Équipement	דויצ
Fil	טוח
Fleuve	רהנ
Lac	םגא
Mâchoire	תסל
Océan	סונייקוא
Panier	לס
Patience	תונלבס
Plage	ףוח
Poids	לקשמ
Saison	הנוע

Pirates
פיראטים

Ancre	עוגן
Aventure	הרפתקה
Capitaine	קפטן
Carte	מפה
Cicatrice	צלקת
Danger	סכנה
Drapeau	דגל
Épée	חרב
Équipage	צוות
Grotte	מערה
Île	אי
Légende	אגדה
Mauvais	רע
Océan	אוקיינוס
Or	זהב
Perroquet	תוכי
Pièces	מטבעות
Plage	חוף
Rhum	רום
Trésor	אוצר

Plage
חוף

Bateau	סירה
Bleu	כחול
Coquilles	פגזים
Côte	חוף
Crabe	סרטן
Dock	עגן
Île	אי
Lagune	לגונה
Mer	ים
Nager	לשחות
Océan	אוקיינוס
Parapluie	מטריה
Récif	שונית
Sable	חול
Sandales	סנדלים
Serviette	מגבת
Soleil	שמש
Vacances	חופשה
Voilier	מפרשית

Plantes
צמחים

Arbre	עץ
Baie	ברי
Bambou	במבוק
Botanique	בוטניקה
Buisson	בוש
Cactus	קקטוס
Engrais	דשן
Feuillage	עִלִים
Feuille	עלה
Fleur	פרח
Forêt	יער
Grandir	לגדול
Haricot	שעועית
Herbe	דשא
Jardin	גן
Lierre	קיסוס
Mousse	טחב
Pétale	עלי כותרת
Racine	שורש
Végétation	צמחייה

Professions #1
מקצועות #1

Ambassadeur	שגריר
Astronome	אסטרונום
Avocat	עורך דין
Banquier	בנקאי
Bijoutier	תכשיטן
Cartographe	קרטוגרף
Chasseur	צייד
Danseur	רקדן
Entraîneur	מאמן
Éditeur	עורך
Géologue	גיאולוג
Infirmière	אחות
Médecin	דוקטור
Musicien	מוזיקאי
Pianiste	פסנתרן
Plombier	שרברב
Pompier	כבאי
Psychologue	פסיכולוג
Scientifique	מדען
Vétérinaire	וטרינר

Professions #2
מקצועות #2

Astronaute	אסטרונאוט
Bibliothécaire	ספרנית
Biologiste	ביולוג
Chercheur	חוקר
Chirurgien	מנתח
Dentiste	רופא שיניים
Détective	בלש
Enseignant	מורה
Illustrateur	מאייר
Ingénieur	מהנדס
Inventeur	ממציא
Jardinier	גנן
Journaliste	עיתונאי
Linguiste	בלשן
Médecin	רופא
Peintre	צייר
Philosophe	פילוסוף
Photographe	צלם
Pilote	טייס
Zoologiste	זואולוג

Randonnée
טיולים רגליים

Animaux	חיות
Bottes	מגפיים
Camping	קמפינג
Carte	מפה
Climat	אקלים
Eau	מים
Falaise	צוק
Fatigué	עייף
Guides	מדריכים
Lourd	כבד
Météo	מזג אוויר
Montagne	הר
Nature	טבע
Orientation	נטייה
Parcs	פארקים
Pierres	אבנים
Préparation	הכנה
Sauvage	פראי
Soleil	שמש
Sommet	פסגה

Remplir
למילוי

Baril	תיבח
Bassin	גא
Boîte	הבית
Bouteille	קובקב
Caisse	זגרא
Carton	וטרק
Dossier	היקית
Enveloppe	הפטעמ
Panier	לס
Plateau	שגמ
Poche	סיכ
Pot	תנצנצ
Sac	קית
Seau	ילד
Tiroir	הריגמ
Tube	רוניצ
Valise	הדוומ
Vase	לטרגא

Restaurant #1
מסעדה #1

Allergie	היגרלא
Assiette	תחלצ
Bol	הרעק
Café	הפק
Caissier	תיאפוק
Couteau	ןיכס
Cuisine	חבטמ
Dessert	חוניק
Épicé	ףירח
Ingrédients	םיביכרמ
Menu	טירפת
Nourriture	ןוזמ
Pain	םחל
Poulet	ףוע
Réservation	הנמזה
Sauce	בטור
Serveuse	תירצלמ
Serviette	תיפמ
Viande	רשב

Restaurant #2
מסעדה #2

Apéritif	ןואבתמ
Chaise	אסיכ
Cuillère	ףכ
Déjeuner	םיירהצ תחורא
Délicieux	םיעט
Dîner	ברע תחורא
Eau	םימ
Épices	םינילבת
Fourchette	גלזמ
Fruit	תוריפ
Gâteau	הגוע
Glace	הרק
Légumes	תוקרי
Nouilles	תוירטא
Oeuf	הציב
Poisson	גד
Salade	טלס
Sel	חלמ
Serveur	רצלמ
Soupe	קרמ

Salle de Bains
חדר אמבטיה

Bain	היטבמא
Bulles	תועוב
Ciseaux	םייירפסמ
Douche	תחלקמ
Eau	םימ
Éponge	גופס
Évier	רויכ
Lotion	םרק
Miroir	הארמ
Parfum	םשוב
Robinet	זרב
Savon	ןובס
Serviette	תבגמ
Shampooing	ופמש
Tapis	חיטש
Toilette	םיתוריש
Vapeur	רוטיק

Science
מדע

Atome	םוטא
Chimique	ימיכ
Climat	םילקא
Données	םינותנ
Expérience	יוסינ
Évolution	היצולובא
Fait	הדבוע
Fossile	ןבואמ
Hypothèse	החנה
Laboratoire	הדבעמ
Méthode	הטיש
Minéraux	םילרנימ
Molécules	תולוקלומ
Nature	עבט
Organisme	םזינגרוא
Particules	םיקיקלח
Physique	הקיזיפ
Plantes	םיחמצ
Scientifique	ןעדמ

Science-Fiction
מדע בדיוני

Atomique	ימוטא
Cinéma	עונלוק
Dystopie	היפוטסיד
Explosion	ץוציפ
Extrême	ינוציק
Fantastique	יטסטנפ
Feu	שא
Futuriste	ינדיתע
Galaxie	היסקלג
Illusion	הילשא
Imaginaire	ינוימד
Livres	םירפס
Monde	םלוע
Mystérieux	ירותסמ
Oracle	לקרוא
Planète	תכל בכוכ
Robots	םיטובור
Scénario	שירחת
Technologie	היגולונכט
Utopie	היפוטוא

Sports

טרופס

Arbitre	טפוש
Athlète	יאטרופס
Base-Ball	לובסייב
Basket-Ball	לסרודכ
Championnat	תופילא
Entraîneur	ןמאמ
Équipe	תווצ
Gagnant	הכוז
Golf	ףלוג
Gymnastique	תולמעתה
Hockey	יקוה
Jeu	קחשמ
Joueur	ןקחש
Mouvement	העונת
Nager	תוחשל
Stade	ןוידטצא
Tennis	סינט
Vélo	םיינפוא

Surf

השילג

Amusement	ףיכ
Athlète	יאטרופס
Champion	ףולא
Débutant	ליחתמ
Estomac	הביק
Extrême	ינוציק
Force	חוכ
Foules	להק
Météo	ריווא גזמ
Mousse	ףצק
Nager	תוחשל
Océan	סונייקוא
Plage	ףוח
Populaire	ירלופופ
Récif	תינוש
Style	ןונגס
Vague	לג
Vitesse	תוריהמ

Technologie

היגולונכט

Blog	גולב
Caméra	המלצמ
Curseur	ןמס
Données	םינותנ
Écran	ךסמ
Fichier	ץבוק
Internet	טנרטניא
Logiciel	הנכות
Message	העדוה
Navigateur	ןפדפד
Numérique	ילטיגיד
Octets	םיתב
Ordinateur	בשחמ
Police	ןפוג
Recherche	רקחמ
Sécurité	ןוחטיב
Statistiques	הקיטסיטטס
Virtuel	ילאוטריו
Virus	ףיגנ

Temps

ןמז

Année	הנש
Annuel	יתנש
Après	רחאל
Avant	ינפל
Bientôt	בורקב
Calendrier	הנש חול
Décennie	רושע
Futur	דיתע
Heure	העש
Hier	לומתא
Horloge	ןועש
Jour	םוי
Maintenant	וישכע
Matin	רקוב
Midi	םיירהצ
Minute	הקד
Mois	שדוח
Nuit	הליל
Semaine	עובש
Siècle	האמ

Types de Cheveux

רעיש יגוס

Argent	ףסכ
Blanc	ןבל
Blond	ינידנולב
Boucles	םילתלת
Brillant	קירבמ
Chauve	חריק
Coloré	ינועבצ
Court	רצק
Doux	ךר
Épais	הבע
Frisé	לתלותמ
Gris	רופא
Long	ךורא
Marron	םוח
Mince	הזר
Noir	רוחש
Ondulé	ילג
Sain	אירב
Sec	שבי
Tressé	עולק

Vacances #2

שפונ #2

Aéroport	הפועת הדש
Camping	גניפמק
Carte	הפמ
Destination	דעי
Étranger	רז
Hôtel	ןולמ
Île	יא
Loisir	יאנפ
Mer	םי
Passeport	ןוכרד
Plage	ףוח
Restaurant	הדעסמ
Réservations	תונמזה
Taxi	תינומ
Tente	להוא
Train	תבכר
Transport	הרובחת
Vacances	גח
Visa	הזיו
Voyage	עסמ

Vertus #1
מעלות #1

Artistique	אמנותי
Bon	טוב
Charmant	מקסים
Confiant	בוטח
Curieux	סקרן
Décisif	מכריע
Drôle	מצחיק
Efficace	יעיל
Fiable	אמין
Généreux	נדיב
Indépendant	עצמאי
Modeste	צנוע
Patient	סבלני
Pratique	מעשי
Propre	נקי
Sage	חכם
Utile	מועיל

Véhicules
כלי רכב

Ambulance	אמבולנס
Avion	מטוס
Bateau	סירה
Bus	אוטובוס
Camion	משאית
Caravane	קרוואן
Ferry	מעבורת
Fusée	רקטה
Hélicoptère	מסוק
Métro	רכבת תחתית
Moteur	מנוע
Navette	הסעה
Pneus	צמיגים
Radeau	רפסודה
Scooter	קטנוע
Sous-Marin	צוללת
Taxi	מונית
Tracteur	טרקטור
Vélo	אופניים
Voiture	מכונית

Vêtements
בגדים

Bijoux	תכשיטים
Bracelet	צמיד
Ceinture	חגורה
Chapeau	כובע
Chaussettes	גרביים
Chaussure	נעל
Chemise	חולצה
Collier	שרשרת
Foulard	צעיף
Gants	כפפות
Jeans	ג'ינס
Jupe	חצאית
Manteau	מעיל
Mode	אופנה
Pantalon	מכנסיים
Pull	סוודר
Pyjama	פיג'מה
Robe	שמלה
Sandales	סנדלים
Tablier	סינר

Ville
העיר

Aéroport	שדה תעופה
Banque	בנק
Bibliothèque	ספריה
Boulangerie	מאפייה
Cinéma	קולנוע
Clinique	מרפאה
École	בית ספר
Fleuriste	פרחים
Galerie	גלריה
Hôtel	מלון
Librairie	חנות ספרים
Marché	שוק
Musée	מוזיאון
Pharmacie	בית מרקחת
Restaurant	מסעדה
Stade	אצטדיון
Supermarché	סופרמרקט
Théâtre	תיאטרון
Université	אוניברסיטה
Zoo	גן חיות

Félicitations

Vous avez réussi !

Nous espérons que vous avez apprécié ce livre autant que nous avons pris plaisir à le concevoir. Nous faisons de notre mieux pour créer des livres de la meilleure qualité possible.
Cette édition est conçue pour permettre un apprentissage intelligent et de qualité en se divertissant !

Vous avez aimé ce livre ?

Une Simple Demande

Nos livres existent grâce aux avis que vous publiez. Pourriez-vous nous aider en laissant un avis maintenant ?

Voici un lien rapide qui vous mènera à votre
page d'évaluation de vos commandes :

BestBooksActivity.com/Avis50

CHALLENGE FINAL !

Défi n°1

Êtes-vous prêt pour votre jeu bonus ? Nous les utilisons tout le temps mais ils ne sont pas si faciles à trouver. Voici les **Synonymes** !

Notez 5 mots que vous avez trouvés dans les puzzles notés ci-dessous (n°21, n°36, n°76) et essayez de trouver 2 synonymes pour chaque mot.

Notez 5 Mots du **Puzzle 21**

Mots	Synonyme 1	Synonyme 2

Notez 5 Mots du **Puzzle 36**

Mots	Synonyme 1	Synonyme 2

Notez 5 Mots du **Puzzle 76**

Mots	Synonyme 1	Synonyme 2

Défi n°2

Maintenant que vous vous êtes échauffé, notez 5 mots que vous avez découverts dans les Puzzles n° 9, n° 17, n° 25 et essayez de trouver 2 antonymes pour chaque mot. Combien pouvez-vous en trouver en 20 minutes ?

Notez 5 Mots du **Puzzle 9**

Mots	Antonyme 1	Antonyme 2

Notez 5 Mots du **Puzzle 17**

Mots	Antonyme 1	Antonyme 2

Notez 5 Mots du **Puzzle 25**

Mots	Antonyme 1	Antonyme 2

Défi n°3

Formidable ! Ce défi final  n'est rien pour vous.

Prêt pour le dernier défi ? Choisissez 10 mots que vous avez découverts parmi les différents puzzles et notez-les ci-dessous.

1.	6.
2.	7.
3.	8.
4.	9.
5.	10.

Maintenant, composez un texte en pensant à une personne, un animal ou un lieu que vous aimez !

Astuce: Vous pouvez utiliser la dernière page de ce livre comme brouillon !

Votre Composition :

CARNET DE NOTES :

À TRÈS BIENTÔT !

Toute l'équipe

DECOUVREZ DES JEUX GRATUITS

GO

↓

BESTACTIVITYBOOKS.COM/FREEGAMES